Jana Laue

hübsch verpacken

für Fortgeschrittene

frech-verlag

ISBN 3-7724-1132-0 · Best.-Nr. 1132 · © Copyright 1987 by Frech

2. 3. 4. 5. Auflage
Erste Zahl maßgebend

frech-verlag

Jahr: 1991 90 89 88
Letzte Zahl maßgebend

Fotos: Birgitt Gutermuth · Druck: Frech, Stuttgart-Weilimdorf

Vorwort

Mein erstes Buch „hübsch verpacken" kann Anfängern wie auch langjährigen Praktikern wertvolle Ideen und Kniffe vermitteln. Nun freue ich mich, den vielfachen Wunsch nach einem größeren Fachbuch für Fortgeschrittene erfüllen zu können.

Das neue Buch basiert auf den in „hübsch verpacken" bereits gezeigten Grundbegriffen: Basispaket, „V"- und Schrägverschluß, Doppelfalte, Rundverpackungen, Verschnürungen und Schleifen – und vieles andere mehr.

Diese Basiskenntnisse werden hier nur noch am Rande berührt, sie sind jedoch für den Aufbau der gezeigten Weiterentwicklungen von sehr großer Wichtigkeit.

Die deutschsprachige Originalausgabe von „hübsch verpacken" (TOPP-Nr. 937) ist deshalb kleinformatig, damit sie überall Platz findet und rasch zur Hand ist; sie ist heute noch genauso aktuell, auch bildet sie die Grundlage für effizientes Packen.

Das neue Fachbuch ist eine „Schatztruhe" für originelle und absolut neue Verpackungen! Auch für unsere männlichen Partner ließ ich mir Spezielles einfallen.

Ich hoffe, Sie werden meine Ideen begeistert aufgreifen und durch eigene Einfälle weiterentwickeln. Dabei wünsche ich Ihnen viel Erfolg und Spaß: Sie werden damit vielen Menschen große Freude bereiten.

Ihre Jana Laue

Einige praktische Tips

- Mit der Schere zugeschnittenes Papier hat nie gerade Kanten. Ohne diese gibt es jedoch keine sauberen Abschlüsse. Verwenden Sie deshalb immer ein sehr scharfes, größeres Messer. Kein Wellenschliff!

- Ein knappes, auf das richtige Maß zugeschnittene Papier erleichtert die Arbeit gewaltig. Zuviel Papier erhöht die Kosten, erschwert das Packen und verschandelt das Paket.

- Verwenden Sie Klebstreifen *sehr zurückhaltend.* Möglichst verdeckt. Sichtbar angebrachte nur in kurzen Stückchen und nie schräg kleben.
  Wenn Sie statt dem glänzenden das milchige „Magic"- oder „Plus"-Band verwenden, paßt sich dieses jeder Farbe an und wird dadurch sozusagen unsichtbar.
  Statt Klebbänder lassen sich für die Abschlüsse auch Zierkleber verwenden, die gleichzeitig als Dekor wirken. Diese sind in den verschiedensten Formen und Farben erhältlich. Für Geschäfte bietet sich die Siegelmarke als guter Werbeträger an.

Für Sie „herausgepickt": die große, sparsame Hilfe beim sauberen, exakten Verpacken:

„Doppelkleber",

ein Begriff, der im Buch immer wiederkehrt.

Das Arbeiten mit doppelseitigem Klebstreifen mit Deckblatt (im folgenden „Doppelkleber" genannt).
Eine Ecke des Bandes (Deckblatt mit Klebfläche) mit dem Daumen nach hinten umlegen und die Klebfläche im gleichen Griff wieder vorwärts auf die Rolle zurückschieben.
So kann beim späteren Entfernen des Deckblattes dieses an der umgelegten Ecke ohne weiteres weggehoben werden.

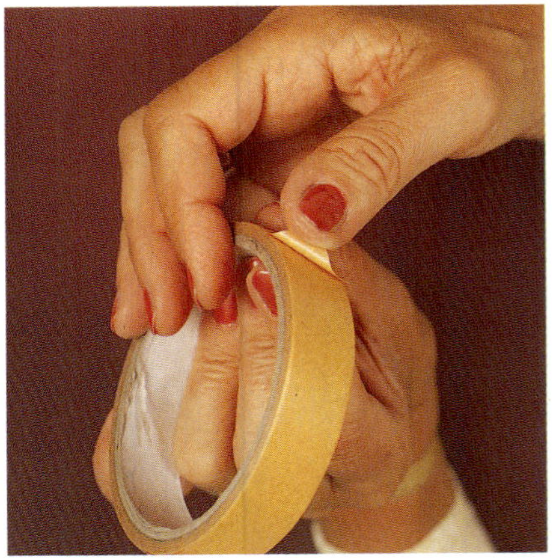

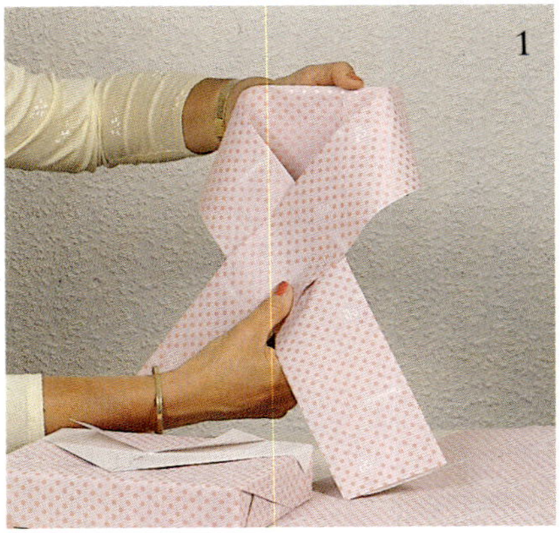
1

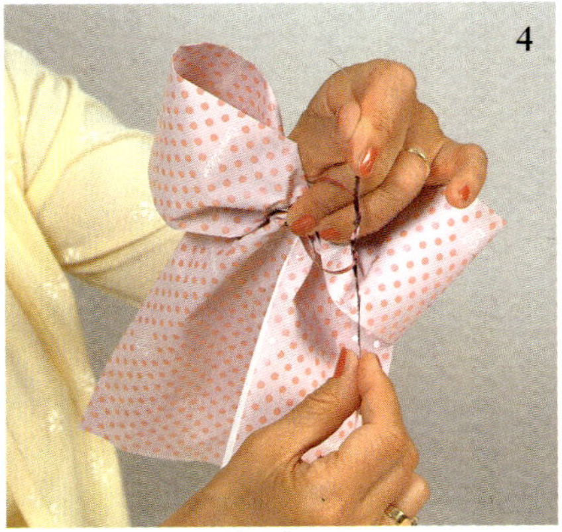
4

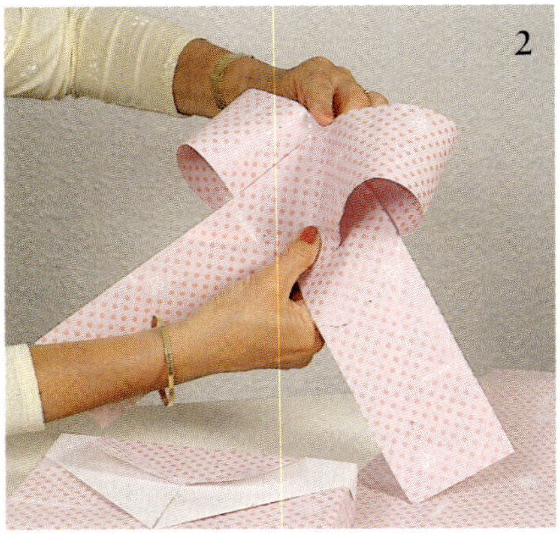
2

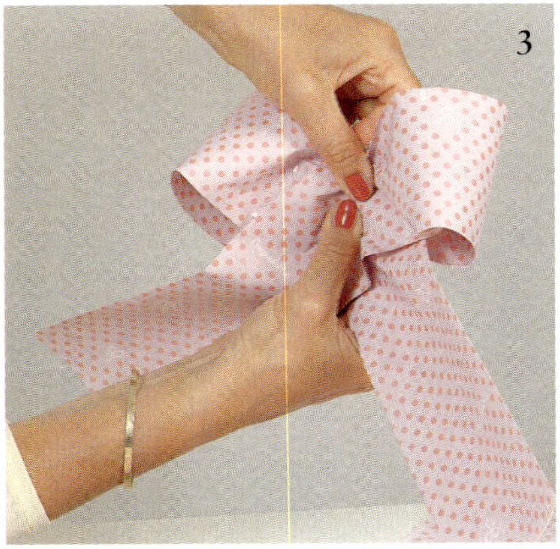
3

Große Papierschleife

Anfertigung auf Vorrat oder direkt auf Paket. Auch als reine Dekoration sehr geeignet.

1. Papierstreifen-Längskanten parallel falten. Geschlossene Kante gut falzen. Streifenenden kreuzen – geschlossene Kante oben…

2. …und die Rundung zur gekreuzten Mitte drücken. Alle oberen Kanten auf gleicher Höhe.

3. Die gesamte Schleifenmitte von oben her zusammendrücken und von unten dagegenschieben.

4. Die so entstandene Schleife mit Bändchen zusammenbinden. Vor dem Festziehen Band zweimal verschlingen.

Biedermeier-Schleifchen
aus Papier-Reststreifen oder Band

Aus Papier: z.B. 4-5 cm breit und 30-35 cm lang. Längskanten parallel falten. Geschlossene Kante gut falzen. Diese muß immer am oberen Rand der Schleife sein.
Aus Band: Bei 2 cm Breite ca. 30 cm Länge. Gleiche Seite immer oben. Band nicht verdrehen.

1. Papier- oder Bandstreifen zur Schlinge legen.

2. Den hinteren Bogen gegen den Kreuzpunkt drücken. Ein ca. 2 mm breites Bändchen von vorne nach hinten senkrecht um den Kreuzpunkt schlingen…

3. …und locker zusammenknüpfen. (Azetatband immer zweimal schlaufen, damit der Knoten nicht auseinanderrutscht.)

4. Nur bis auf Bandbreite festziehen. Schleifchenmitte über dem Knoten flach festhalten und einseitig (im Gegenzug) zusammenziehen.

Bei Papierschleifen verhindert die geschlossene Kante, beim Ziehen des unteren Bändchens, das Einreißen des Papiers.

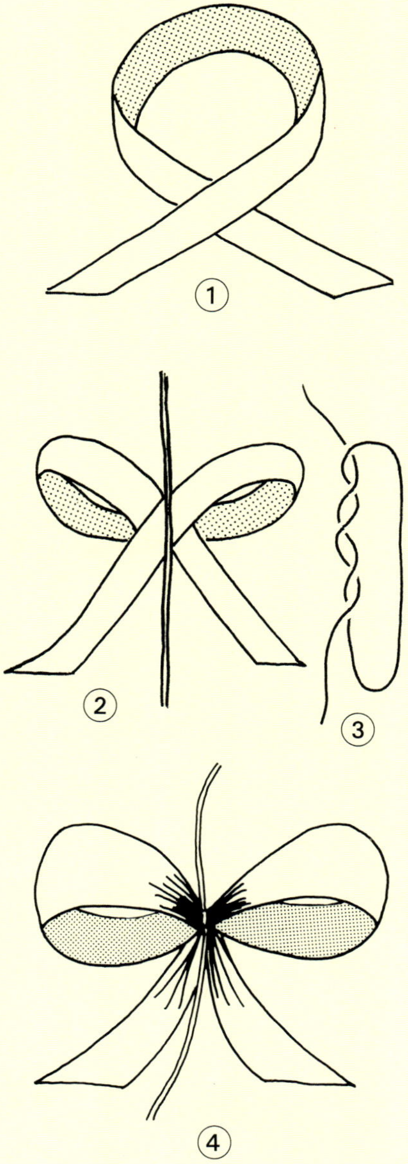

Variante: Schleife mit weißem Rand.

1. + 2. Längskanten so falten, daß ein schmaler Rand der Papierrückseite sichtbar bleibt.

3. Binden wie zuvor, und Enden schräg schneiden.

4. Die Schleife kann mit Doppelkleber oder durch Festkleben beider Bandteile direkt unter der Knüpfstelle mit Klebstreifen oder Schmuckkleber befestigt werden.

Variante: Ist das Abbindeband lang genug, kann die Schleife damit um das Paket gebunden werden.

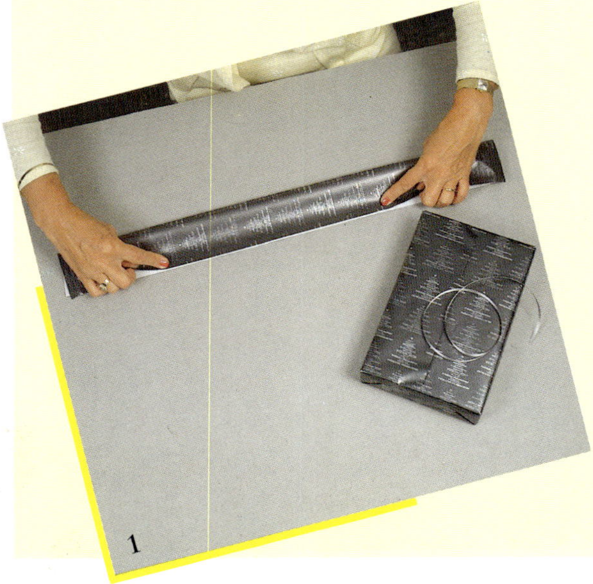
1

2

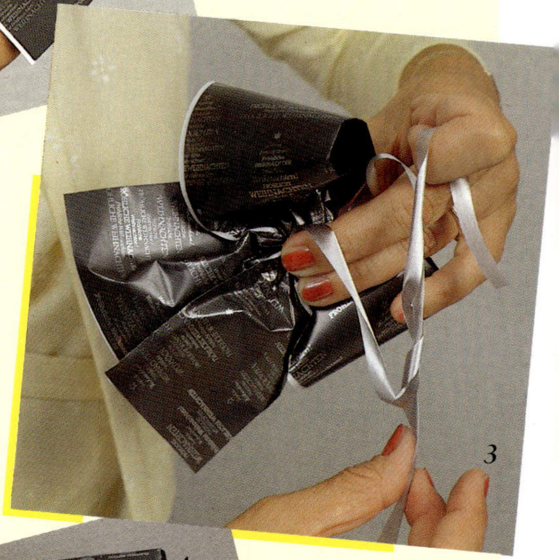
3

4

FRÖHLICHE WEIHNACHTEN
Fröhliche Weihnachten!
Frohes Fest

Doppel-Biedermeier-Schleifchen

Ein längeres Stück Band zur Schlinge legen und hinteren Bogen gegen den Kreuzpunkt drücken. Dabei rechtes Bandende kurz und linkes lang belassen.

1. Dieser lange Teil wird nach hinten über den Kreuzungspunkt hinaus nach oben…
2. …und nochmals nach hinten über den Kreuzungspunkt nach unten gelegt.
3. Mit Abbindebändchen senkrecht über der Mitte zusammenziehen.

Diese Schleifchen können aus Band oder Papier sehr gut und auf Vorrat gefertigt werden.

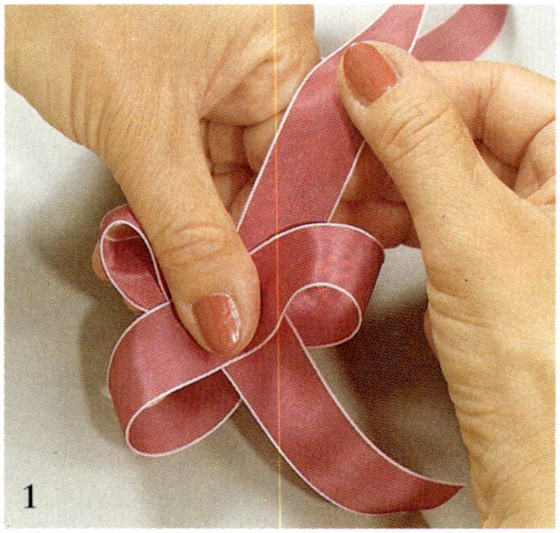
1

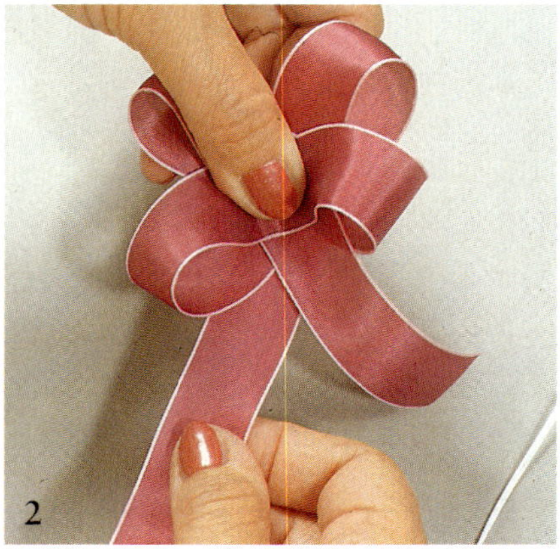
2

3

Doppeltes Schuhnestel-Schleifchen

Anfertigung auf Vorrat oder direkt aufs Päckchen.

1. Ein längeres Bandstück je zweimal in Form einer „8“ um die gespreizten Daumen und Zeigefinger schlingen. Wie bei der 8er-Schlinge kurzen Anfangsteil stehenlassen.
2. Kurzen Teil um den Bandkreuzpunkt schlingen…
3. …und von oben durch diese Umschlingung schieben.
4. Kurzes Bandende festziehen und Schlingen aufrichten.

Befestigung bei vorgefertigten Schleifchen mit Doppelkleber oder Siegelmarken (Schmuckkleber).

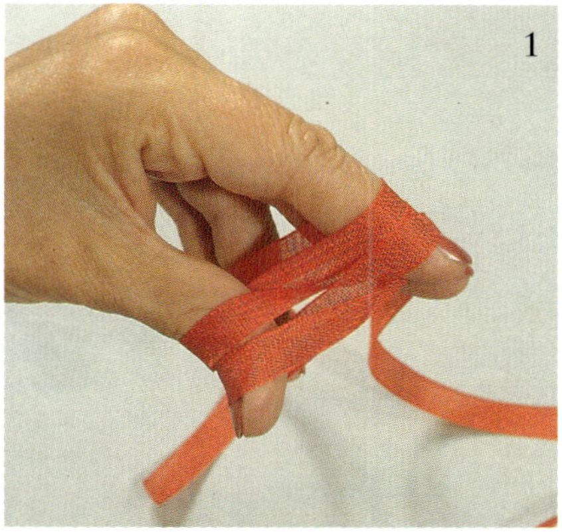

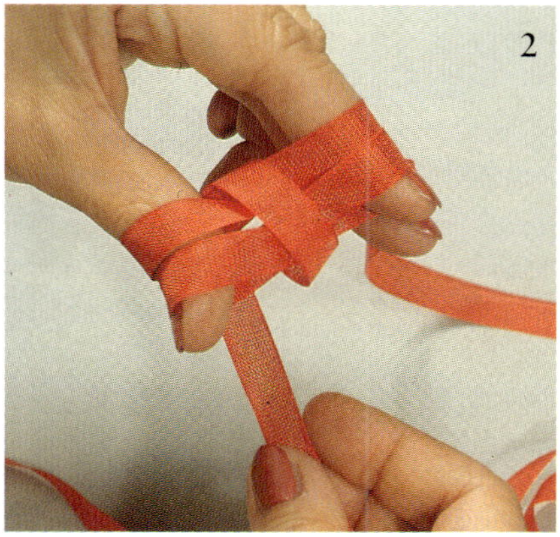

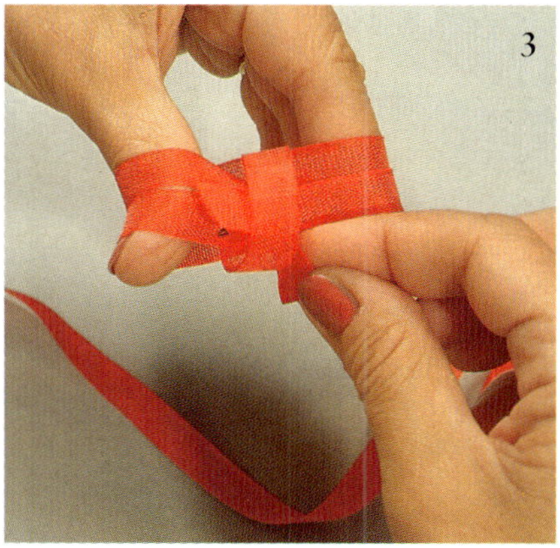

Rundschleife, mit Zwirn oder feinem Draht gebunden

Verwendetes Material.

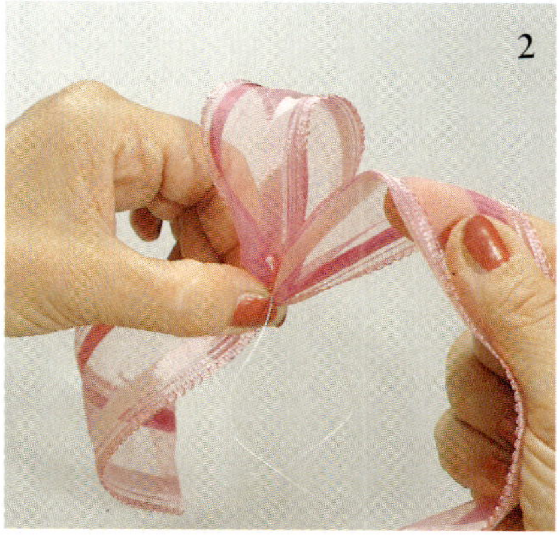

1. Je nach Anwendung kürzeres oder längeres Bandende stehen lassen. Erste Schlinge formen (ca. zweimal Bandbreite) mit Zwirn abbinden und verknüpfen.

2. Kurzes Band- und Zwirnende **unter** der Knüpfstelle immer mit derselben Hand festhalten. Das laufende Band muß vor dem Legen der nächsten Schlinge stets über den Daumennagel hochgezogen werden, damit beim Abbinden kein „Hals“ entsteht.

3. Nächste Schlinge quer zur ersten legen, mit Faden umfahren, festziehen, jedoch nicht verknüpfen.

4. Schlingen immer versetzt anordnen.

5. Erst wenn die Schleife voll und rund ist, die Zwirnenden miteinander verknüpfen und abschneiden.

6. Werden Blüten miteingebunden, legt man diese einzeln oder in Büscheln zwischen die Schlingen vor dem Umwickeln derselben.

7. Die Länge der einzelnen Schlingen kann auch, mit oder ohne eingebundenen Blumen, variiert werden.

6

7

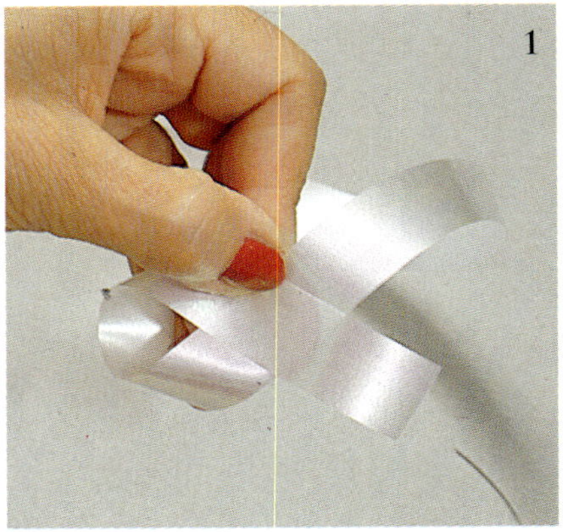

1

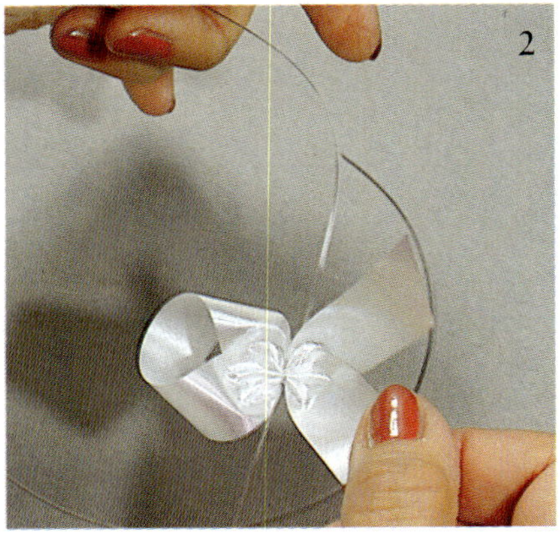

2

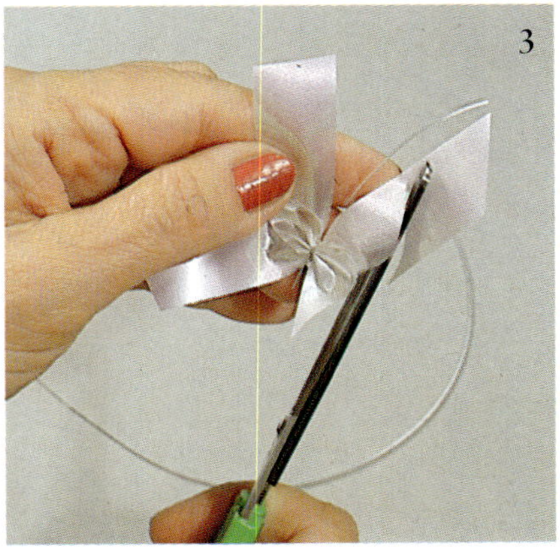

3

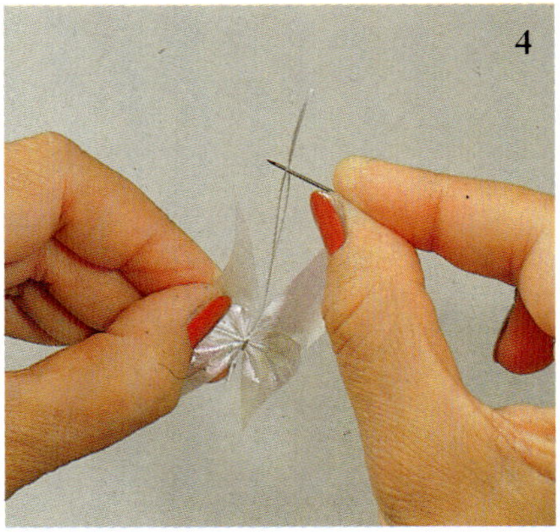

4

Schmetterling

1. 15-20 cm Band seitwärts zur Schlinge legen.

2. Quer über die Mitte mit sehr feinem Bändchen zusammenziehen, wie bei Biedermeierschleife.

3. Schlinge durchschneiden, und alle vier Flügel in der gewünschten Form zuschneiden.

4. Abbindebändchen unten auf ½ cm kürzen. Oben Fühlerlänge nach Belieben. Dieser wird mit einer Stecknadel zu zwei Fühlern gespalten.

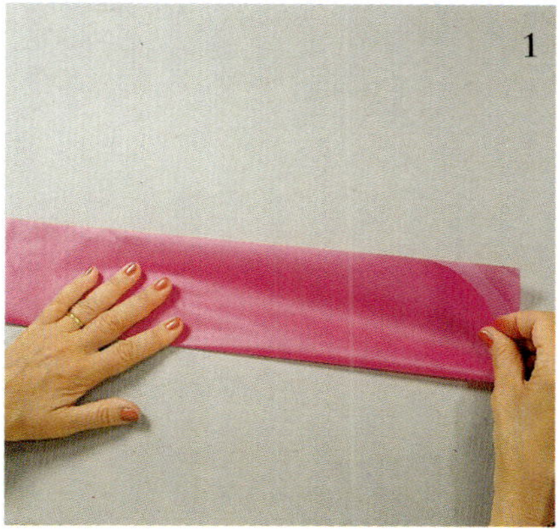

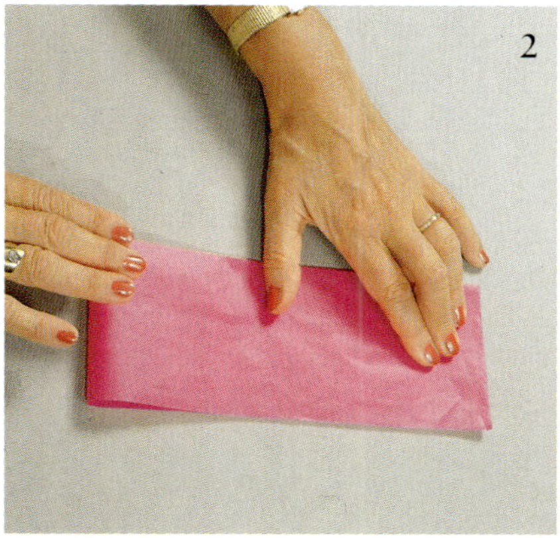

„Schenkt man sich Rosen …“

Papierrose

1. Ein Streifen (hier Seidenpapier) 50 × 20 cm einmal der Länge nach …

2. … und dreimal in der Breite sehr exakt falten.

3. Oberen Faltrand halbrund abschneiden.

4. Es entstehen zwei, jeweils acht Felder umfassende, Streifen. Auch zwei Farben können verwendet werden, die, leicht überschoben, mit Klebband zusammengeheftet werden.
Für die Rosenmitte den Anfang der zusammengeklebten Streifen sehr eng rollen.

5. Auf Wunsch kann ein Stiel, auch aus gerolltem Papier, eingelegt werden.

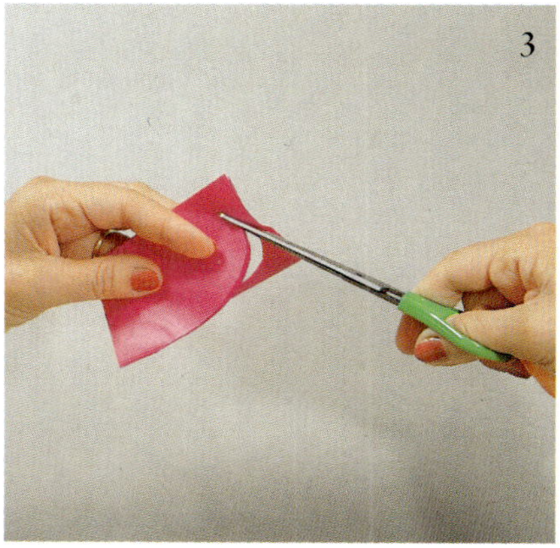

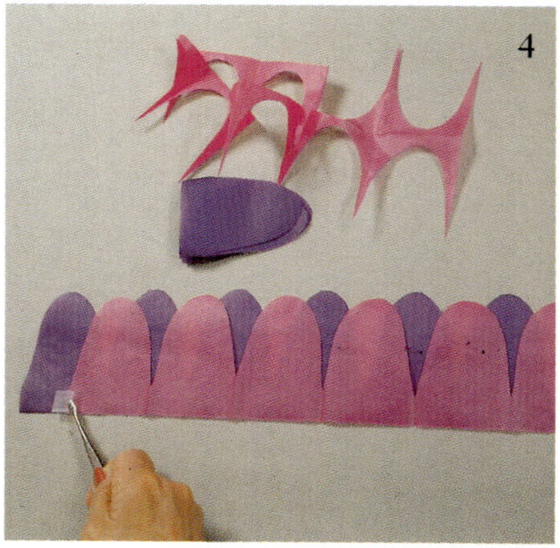

6. Später lockerer werden. Beide Streifen zusammen – untere gerade Kanten auf gleicher Höhe – beim Rollen nachschieben, damit Fältchen entstehen.

7. Daraus ergibt sich der Effekt der offenen Blüte. Papierstreifen-Ende mit Klebband fixieren.

8. Der übriggebliebene Papierabschnitt kann auseinandergefaltet als Päckchen- oder Tischdekoration verwendet werden.

Bandrose

Bandbedarf: 20-30 cm (je nach Umwindungen und Größe der Rose).

Verwendete Materialien.

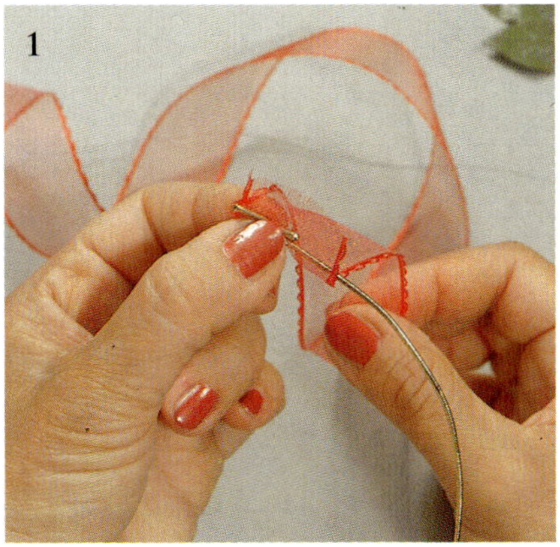

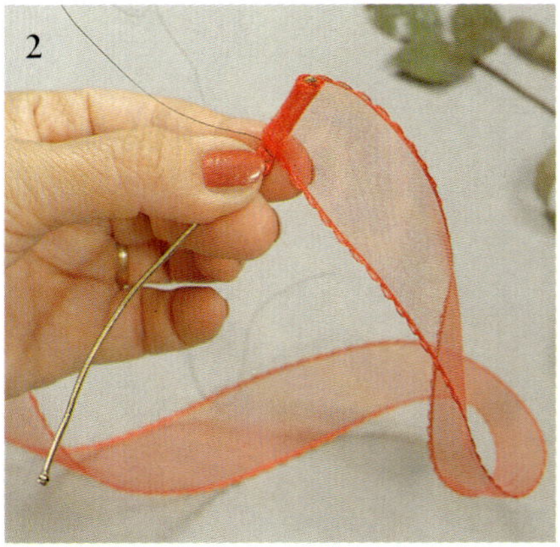

1. Ein Stückchen Goldkordel wird quer zum Bandanfang gelegt, oben 1 cm überstehend. Dieser Zentimeter wird umgebogen, so daß das Band fixiert ist.

2. Band und Kordel werden zwei- bis dreimal ganz satt zusammengedreht.
   Untere Rollenkante mit feinem Draht fixieren.

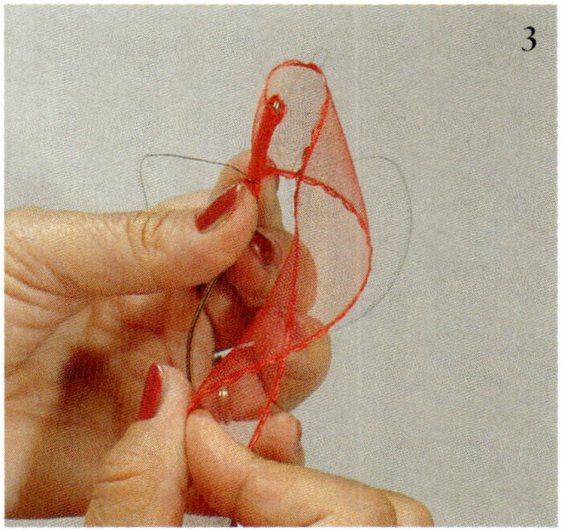
3

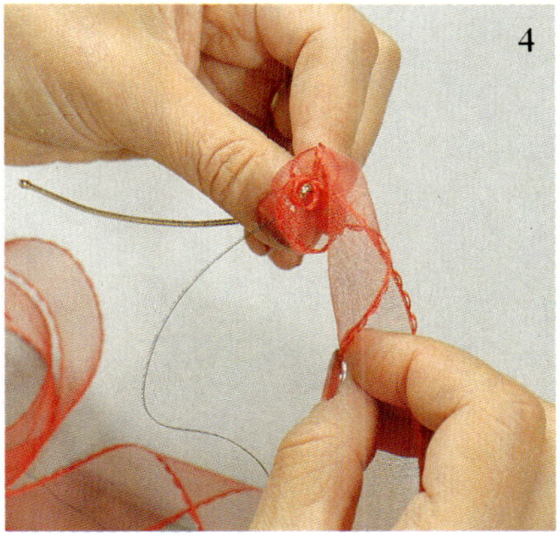
4

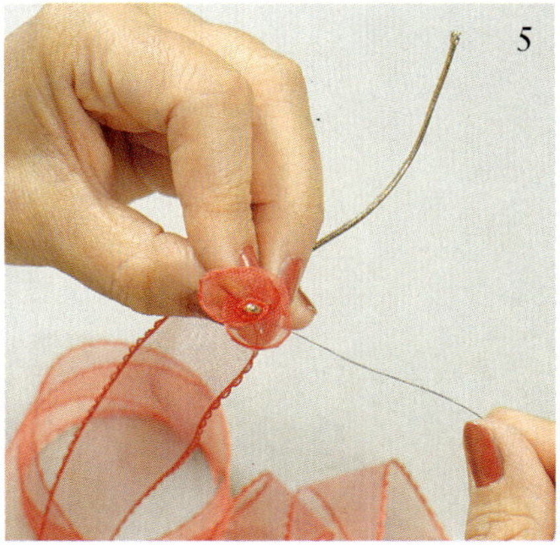
5

3. Das fortlaufende Bandstück nach vorn umlegen, ...

4. ...zusammenschieben und nach einer leichten Rechtsdrehung der Kordel an diese anbinden.

5. Diesen Vorgang noch ein- bis dreimal wiederholen.

6. Draht fixieren und damit Rose an einem Blatt befestigen.

7. Goldkordel abschneiden. Bindestelle und Stiel mit Blumenbinderband umwickeln.

6

7

Körbchen mit Henkel

z. B. für würfelförmiges Packgut, Notizzettelblock usw.

Materialien. ▶

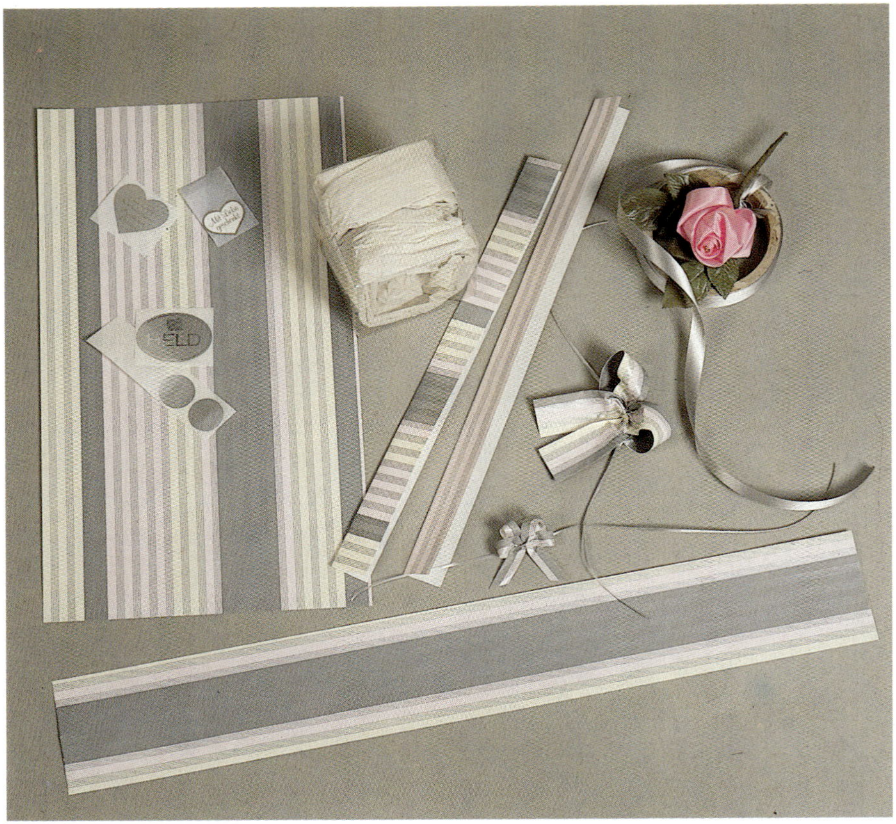

Einschlagpapier-Länge: nur wenig überlappend, da die Verschlußpapierkante nicht umgebogen wird.
Papierzugabe für die Breite: je ¾ der Würfelhöhe, z. B. für Würfel 8 × 8 × 8 cm: Papier 35 × 20 cm.
Henkel: z. B. 50 × 7 cm (bei Bogengröße 50 × 70 cm).

1. Dieser Streifen wird dreifach gefaltet.

2. Würfel so einpacken, daß der Verschluß oben genau in die Mitte kommt. Mit Firmensiegel oder Schmuckkleber verschließen.

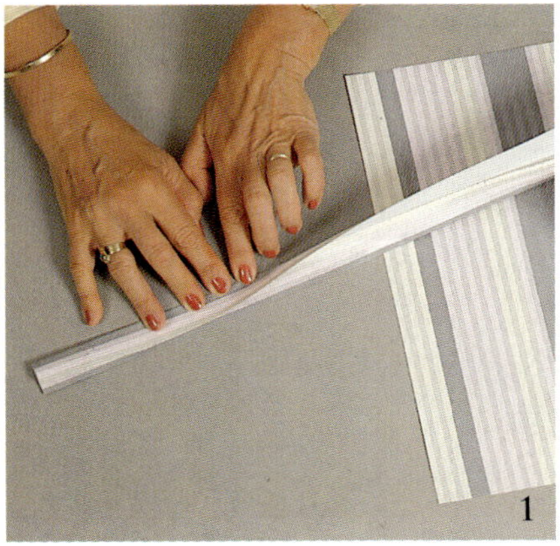
1

2

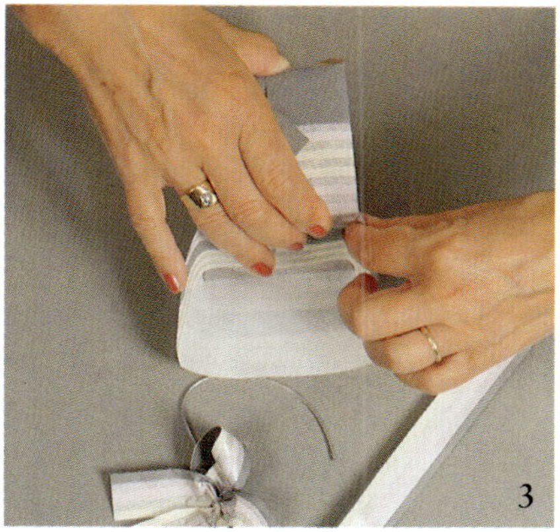

3

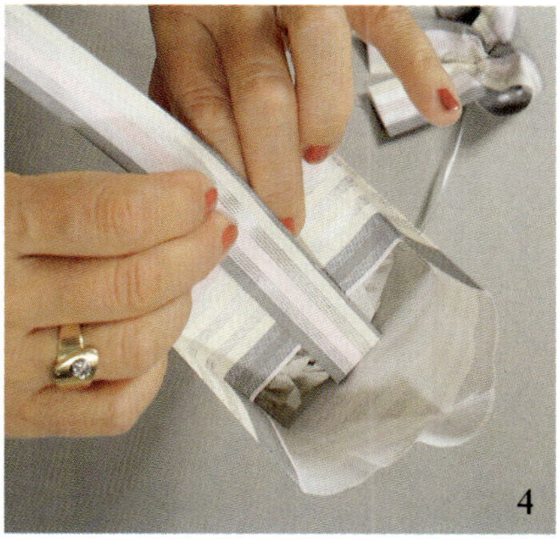

4

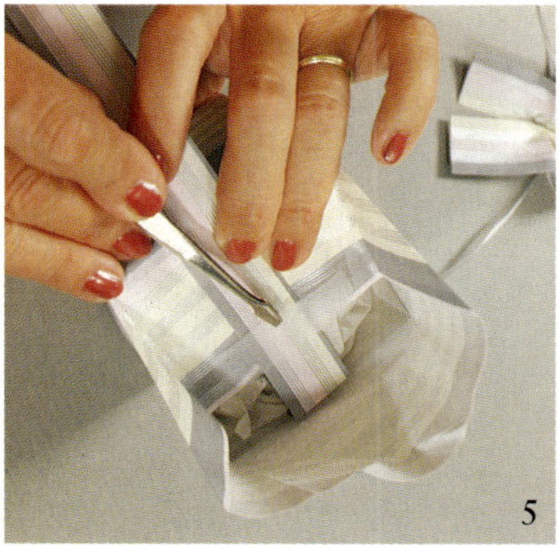

5

6

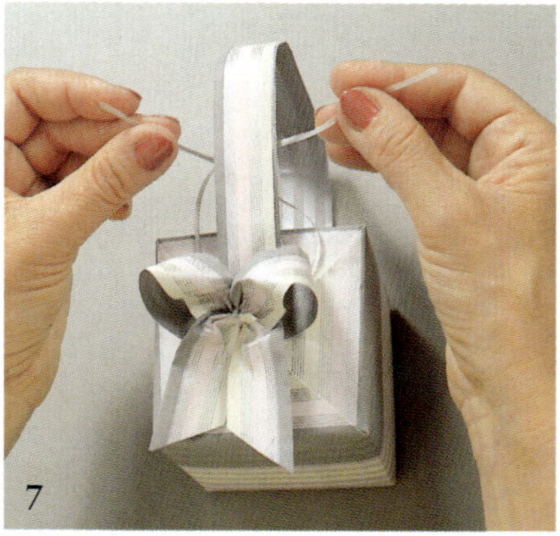

7

8

3. **Seiten:** Dies ist die einzige Verpakkung, bei welcher als erstes das oberseitige Papier nach unten gefaltet wird. Dann werden die Seiten um- und gleich wieder zurückgefaltet.

4. Nun wird der Henkel – mit der offenen Seite nach oben und hinten – bis zur Würfelmitte unter diesen geschoben.

5. Mit einem unsichtbaren Klebstreifen am untersten Papierrand (vom Papier über Henkel auf Papier) wird dieser auf den Seiten festgeklebt. (Der Würfel darf dabei nicht mit angeklebt werden.)

6. Jetzt werden die beiden vorgefalteten Seitenklappen und das sich ergebende untere Dreieck geschlossen und mit einem Klebepunkt über den Henkel fixiert.

7. + 8. Aus einem doppelt gelegten Streifchen des gleichen Papiers kann ein Biedermeierschleifchen gefertigt und seitlich an den Henkel gebunden werden.

Geklebte Tüte mit breitem Boden

Kreuzbodenbeutel

Diese Tüten können aus allen Resten und in allen Größen gefertigt werden. Verwendungsmöglichkeiten: „fast für alles“, z.B. Setzkastenfiguren, Modeschmuck, Kugelkerzen usw.

1. + 2. Ein rechteckiges Stück Papier von beiden Seiten her senkrecht zur Mitte hin – ca. ½ cm überlappend – umfalten und diesen halben Zentimeter mit Leimstift festkleben.

3. Das nun doppelte Papier von unten her in der gewünschten Breite – zur Nahtseite hin – nach oben umfalten.

4. Den oberen Teil davon wieder hochziehen und die beiden sich aufstellenden Ecken flachdrükken. So entstehen eine obere und eine untere Klappe.

5. Die obere Klappe so nach unten, und die…

6. …untere nach oben falten, daß sie sich etwas überdecken.

1

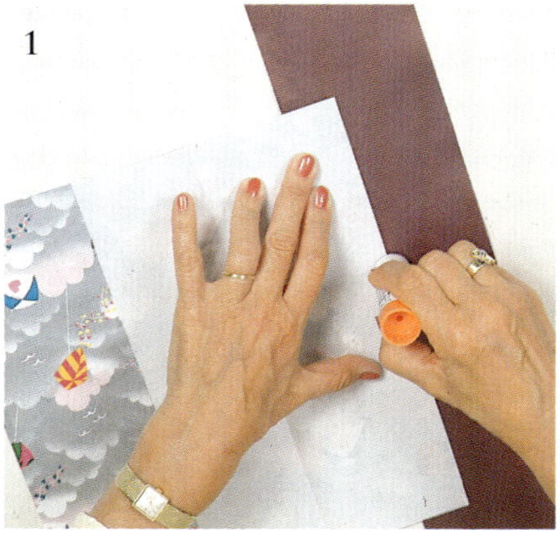

2

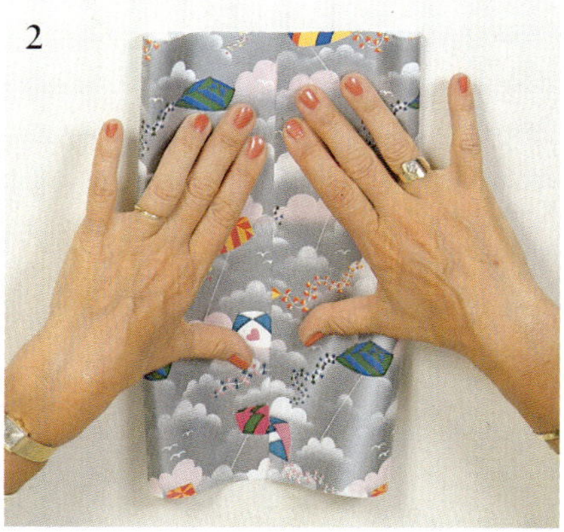

3

4

5

6

7. **Kleben: obere Klappe:** nur die seitlichen Dreiecke.

8. **Untere Klappe:** die beiden Dreiecke und ein schmales Streifchen an der Längskante.

7

8

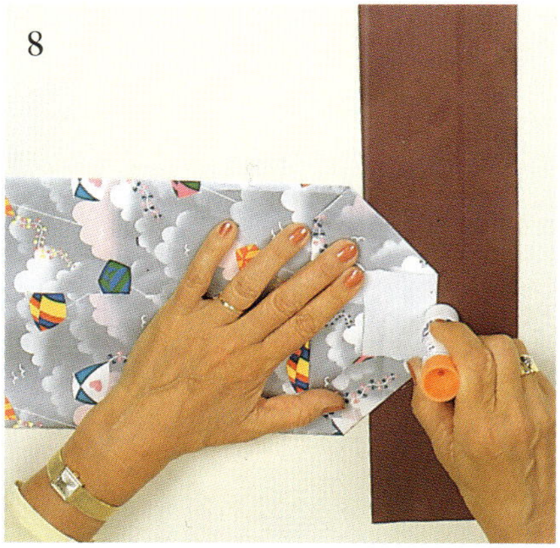

Falttüte, rundum füllbar

Papierbedarf: 1/4 Bogen (Höhe 50 cm, Breite 35 cm). Kann – in größerer Form – auch um Flaschen usw. gebunden werden.
Verwendung für spezielle Anlässe durch Einbinden eines Nikolaus- oder Phantasiekopfes.

1. Untere Hälfte des Papiers nach oben und oberstes Viertel wieder zur untersten Kante zurückfalten.

2. Zum Verschließen umdrehen, die beiden seitlichen Teile zur Mitte falten und ineinanderschieben.

3. Diesen unteren, dreifachen Teil mit Klebband oder Klebpunkten verschließen.

4. Will man im oberen Teil die Papier-Rückseite nicht sichtbar belassen, kann man die obere Papierkante nach innen umlegen oder einen andersfarbigen Papierstreifen mit einrollen.

5. Diesen oberen Teil zur Mitte hin zusammenschieben und mit Schleife binden.

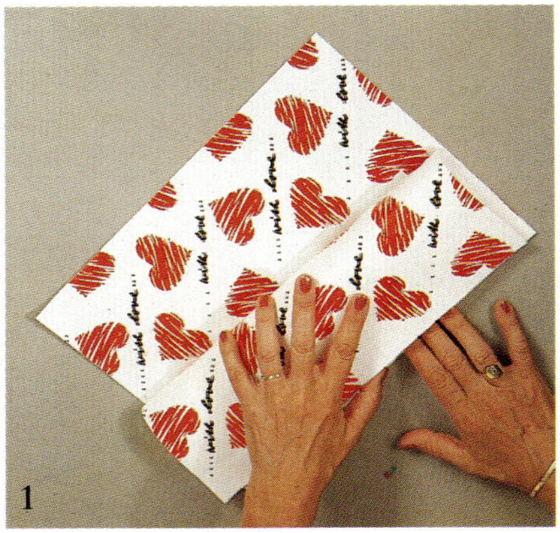
1

2

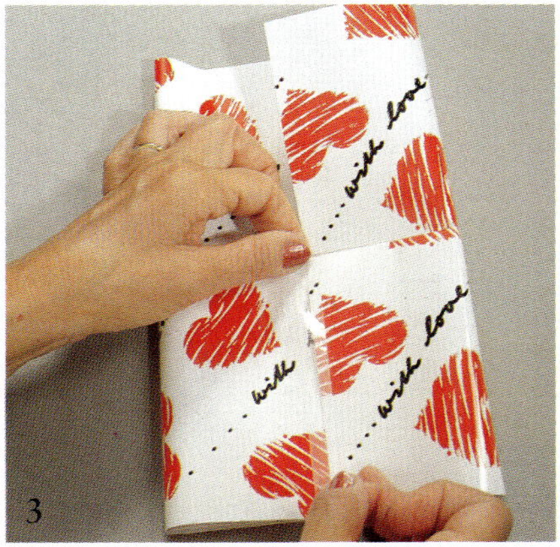
3

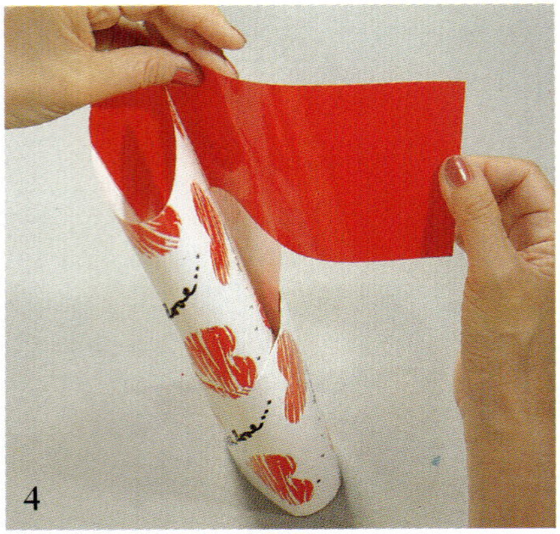
4

5

6

6. So entsteht im unteren Teil eine Tasche, die rundherum gefüllt werden kann.
Das Füllgut wird entweder direkt oder in Säckchen aus Klarsichtfolie in die Taschen gegeben.

Ungefütterte Spitztüte

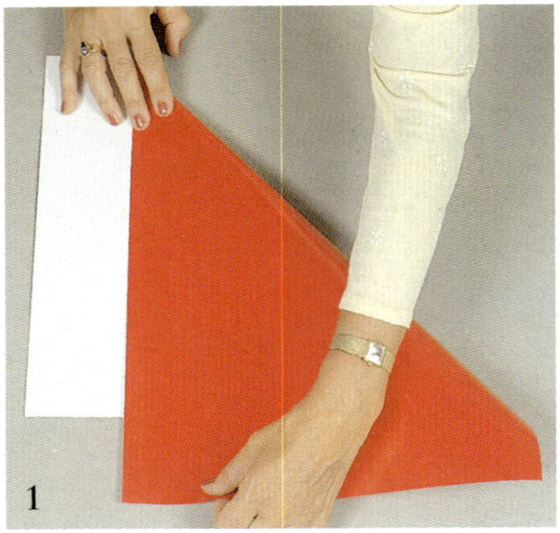

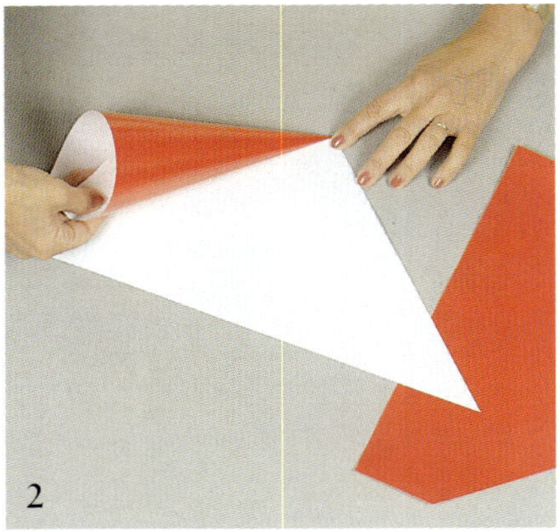

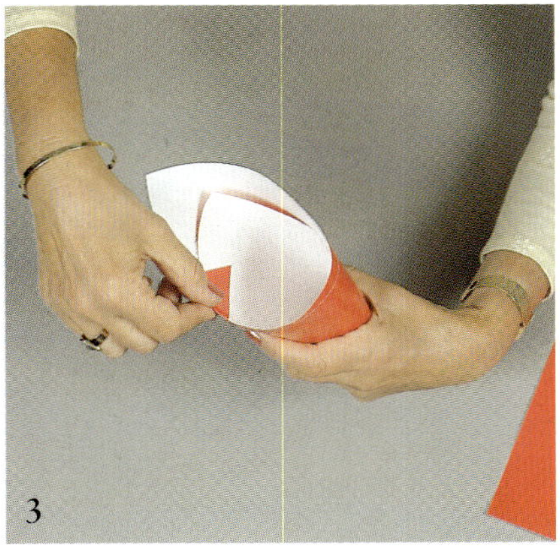

Papierbedarf, z. B. für äußere Tütenhöhe 30 cm: 35 × 50 cm (ergibt zwei Tüten)

1. Das Papier wird zu einem überlappenden Dreieck gefaltet und zerschnitten.

2. Den Zuschnitt am geraden Eckstück halten und so zur Tüte drehen, daß sich die geschlossene Spitze in der Mitte der langen Diagonalkante befindet.

3. Das nach dem satten Drehen über den Rand vorstehende kleine Dreieck wird über die Kante ins Tüten-Innere gefaltet, womit alle Papierdrehungen zusammengehalten werden.

4. Fixierung innen und außen ist auch durch Firmensiegel oder Schmuckkleber möglich.

Das verbleibende obere Dreieck kann nach dem Füllen heruntergeklappt und dann als Verschluß verklebt werden.

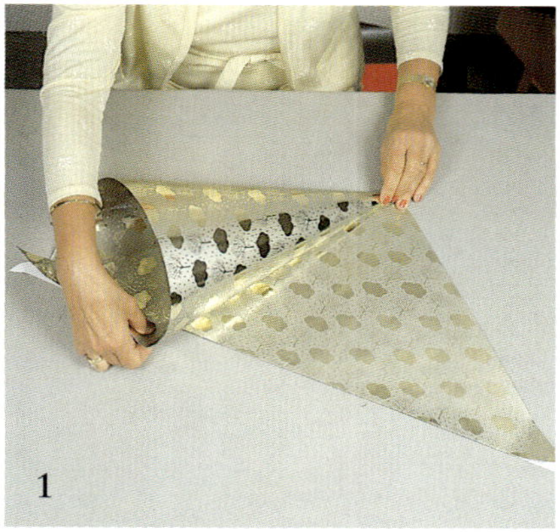

1

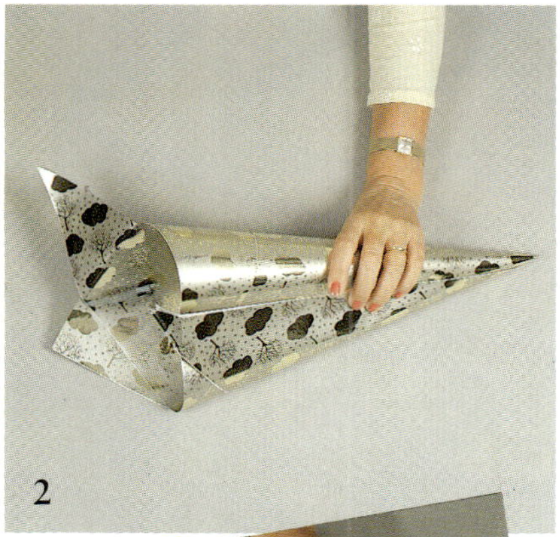

2

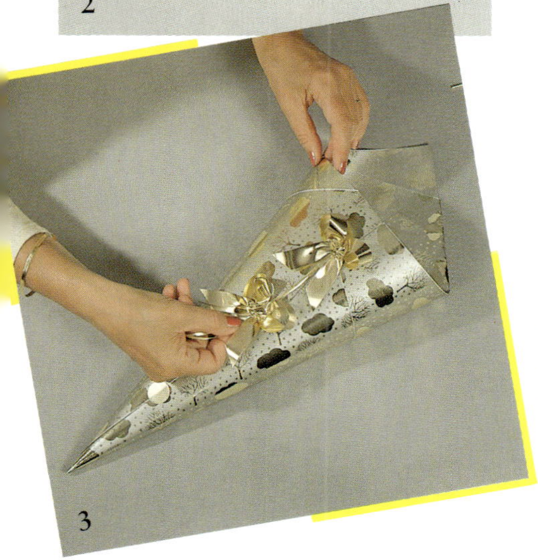

3

Gefütterte Spitztüte

mit gleichem oder verschiedenem Futter.

Papierbedarf, z. B. für eine äußere Tütenhöhe von 30 cm: 42 × 42 cm.

Für diese Tüte wird der ganze quadratische Bogen benötigt und zu einem Dreieck gefaltet. Die Faltkante durchschneiden, da sich sonst das Futterpapier beim Rollen verschiebt.

1. Beide, sehr exakt aufeinander gelegte Dreiecke, von einer Ecke her, zur Spitztüte drehen, wie bei der ungefütterten.

2. Es bleiben nach dem Aufrollen beidseits Dreiecke stehen.

3. Das äußere Dreieck nach innen falten, wie zuvor; das innere nach außen knicken und mit Firmen- oder Schmucketikett fixieren. – Zur Dekoration größerer Tüten eignen sich Schleifchen, die unter der Knüpfstelle mit Klebepunkten befestigt werden.

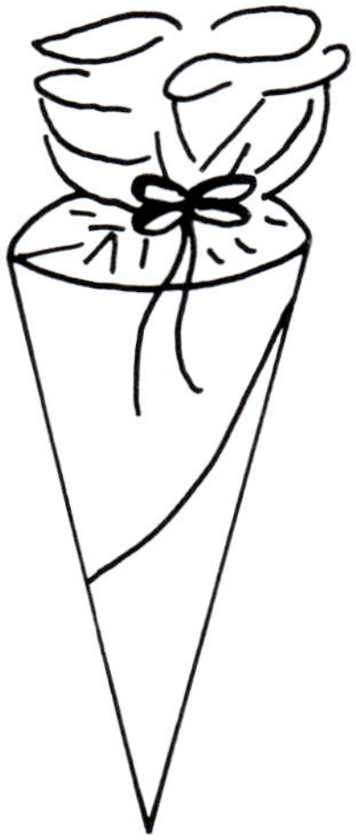

Es kann auch eine, z. B. mit Gebäck gefüllte, Klarsichtfolientüte eingeschoben werden. Verschluß durch Zusammenziehen mit Band. Überstehendes Cellophan aus der Öffnung ragen lassen. (Wenn nötig: Innere Tüte mit Doppelkleber in der äußeren fixieren.)

Tüte aus Tortenspitze und Alufolie

z. B. für Gebäck

Verwendete Materialien.

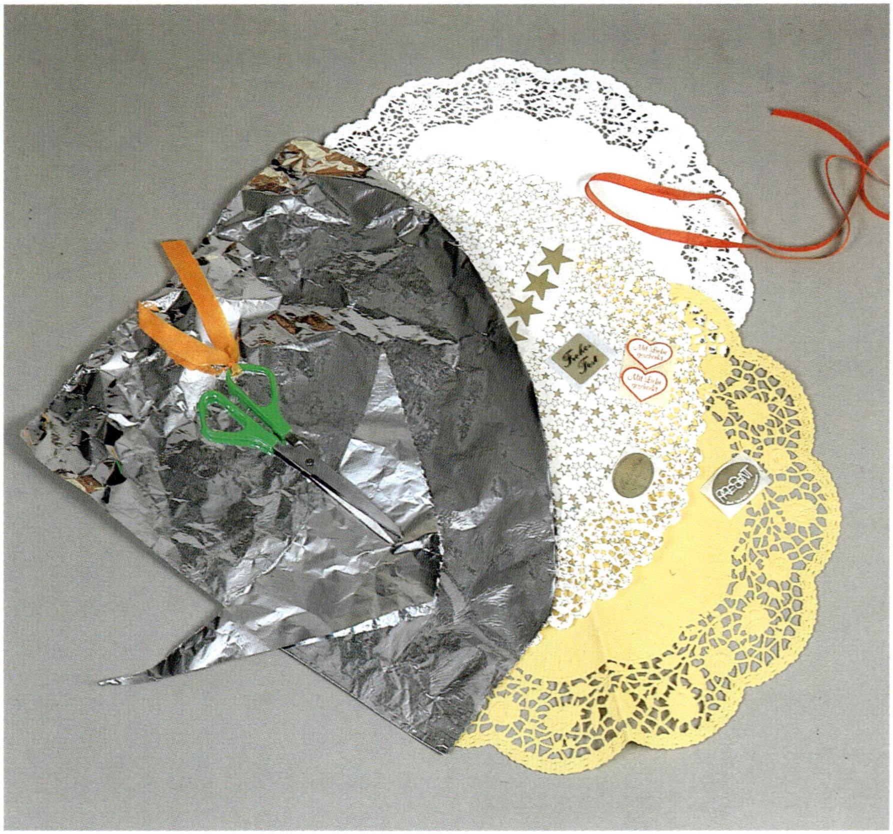

1. An einer Tortenspitze, ∅ 32-35 cm, ein ca. 50 cm langes Bändchen im unteren Drittel so befestigen, daß ein Bandende gut ⅓ länger bleibt.

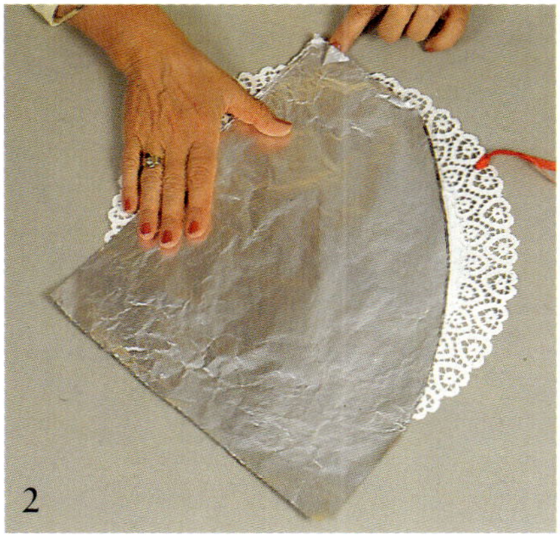

2. Tortenspitze mit der Rückseite nach oben legen. Ein quadratisches Stück Alufolie (eine Seite abgerundet) diagonal so drauflegen, daß oben und unten je eine Ecke über das Tortenpapier hinausragt.

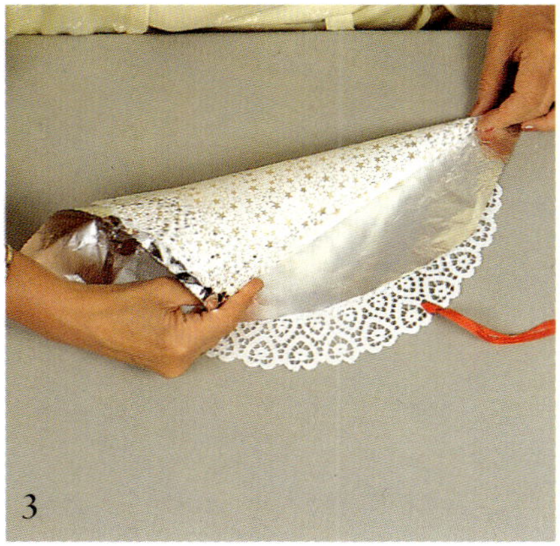

3. Spitzenrondelle und Folie zusammen zur Tüte drehen. Vorstehende Aluspitzen werden später zum Verschließen verwendet.

4. Das längere Bandteil rund um die Tüte legen und mit dem kürzeren zu einer Verschlußschleife binden. Untere Alu-Ecke fest zusammendrehen und über die Tütenspitze hochklappen.

5. Tüte füllen und dann verschließen, indem man die Alufolie *locker* zusammendreht, so daß sich eine Rosette bildet.

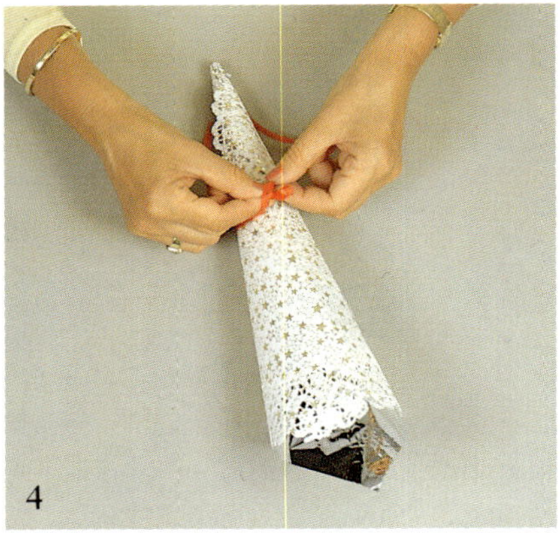

4

5

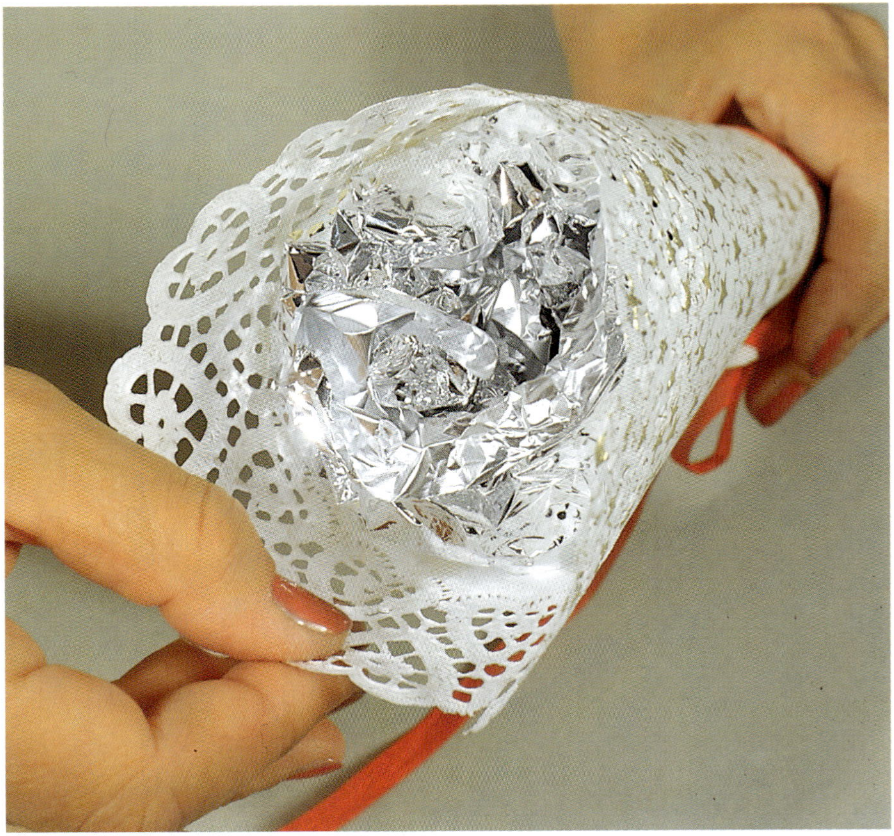

Der Tannenbaum, eine schräge Doppelfalte

1. Um die Breite des Baumes zu erreichen, benötigt diese Verpackung viel Papier. Wie auf dem Bild ersichtlich, mißt die Papierzugabe auf jeder Seite gut 1½ × die Paketbreite. Der seitliche Papierüberstand beträgt, wie gewohnt, Pakethöhe.

   Bitte beachten Sie, daß das Papier von der oberen Kante her nur bis zu ca. ¾ der ganzen Höhe schräg abgeschnitten wird.

2. Jetzt werden die beiden Papierkanten, die geraden wie die schrägen, hochgezogen, bündig aneinandergelegt und der ganze Papierüberstand zusammen bis zur Päckchenoberseite straffgezogen. Das Ganze umlegen und beidseits bis zum äußeren Rand flachstreifen.

3. Nun das ganze Doppelpapier wieder senkrecht stellen, die geschlossenen, schrägen Kanten in den Mittelfalz legen…

4. …und die ganze Tüte flachdrük-

1

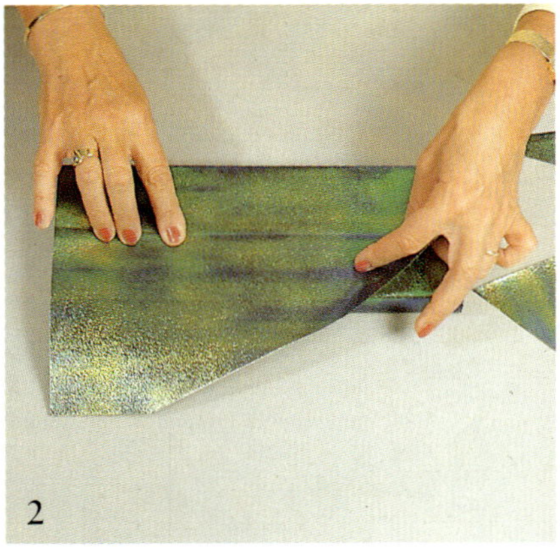

2

3

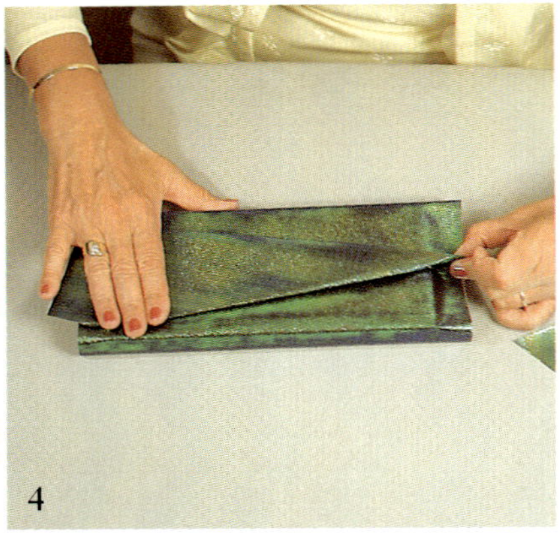

4

5

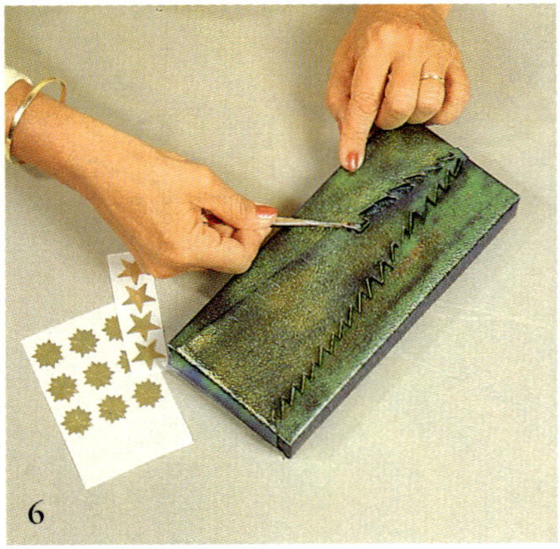

6

ken. Schmale Paketseiten wie gewohnt schließen; obere Klappe immer zuletzt. Fixierung durch Doppelkleber oder Klebstern.

5. Schräge Doppelfalte beidseits mit Schere quer einschneiden…

6. …und die so entstandenen Ecken schräg umlegen. (Eine Pinzette oder feine Zange erleichtert die Arbeit.)

7. Die Baumspitze kann durch zwei gegeneinander geklebte Sterne noch betont werden.

7

Gezackte Doppelfalte mit eingelegtem Goldpapier oder unterlegt mit Band

Doppelfaltabschluß (im ersten Buch ausführlich beschrieben). Hier wird jedoch ein Reststreifen Goldpapier miteingefalzt oder ein Stück Band unterlegt.

Kanten einschneiden und umlegen wie zuvor beim Baum.

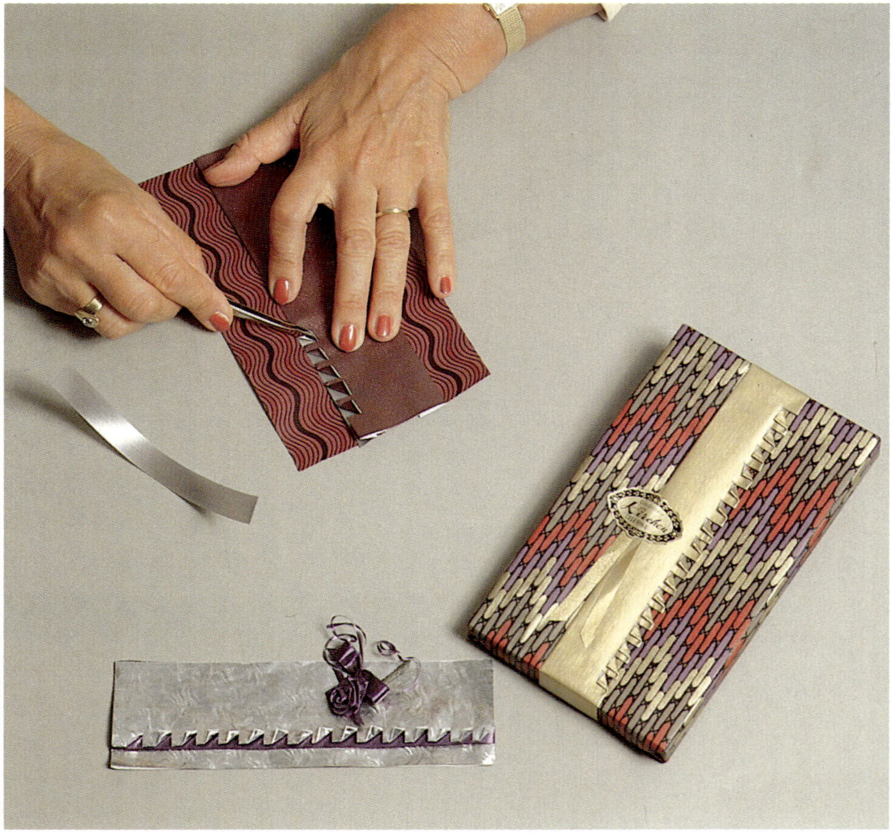

Verschluß mit eingelegtem Band

Eignet sich besonders für lange, schmale Päckchen

1. Materialien.

2. **Papierlänge:** Die Päckchen-Oberseite muß einmal ganz und einmal halb bedeckt sein, da der Verschluß oben in die Mitte kommt.
   Papierbreite: Die Papierzugabe muß von beiden Seiten bis zur Mitte reichen.
   Band: genügend um eine Schleife mit zwei oder vier Schlaufen binden zu können. Das Band wird quer unter das Verpackungsgut gelegt.

3. Päckchen einschlagen; nicht umgelegtes Papierende in der Mitte. Mit Kleber fixieren.

1

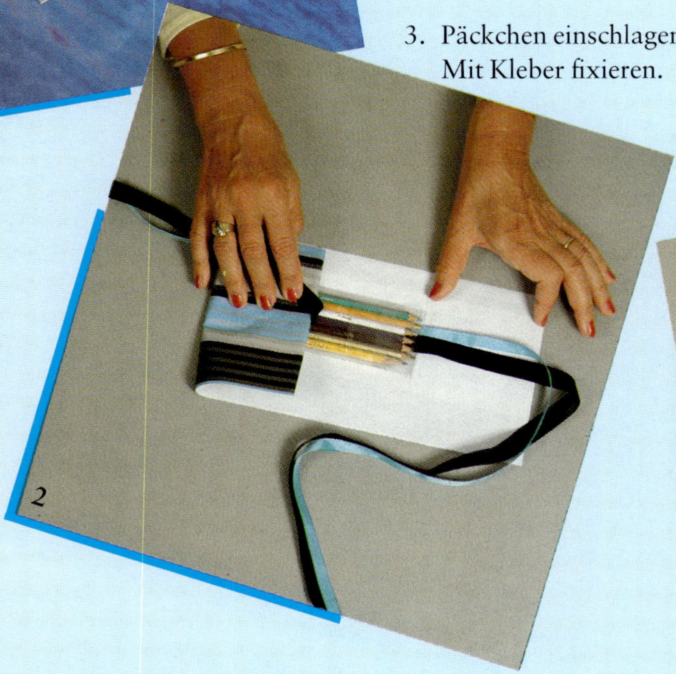

2

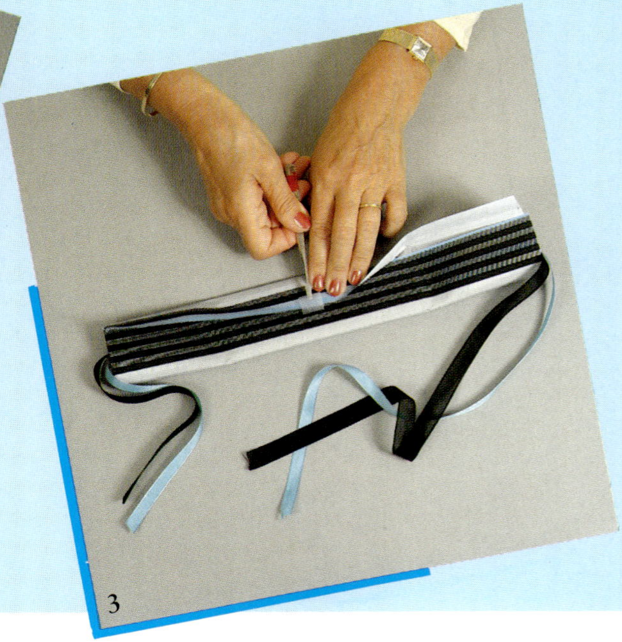

3

4. Das lange Seitenpapier beidseits pfeilartig zur oberen Papiermitte umfalten – Bandbreite flach lassen – und mit Kleber fixieren.

5. Jetzt die Seitenpartien nach oben umlegen, Bänder verknüpfen, …

6. …und Schleife binden.

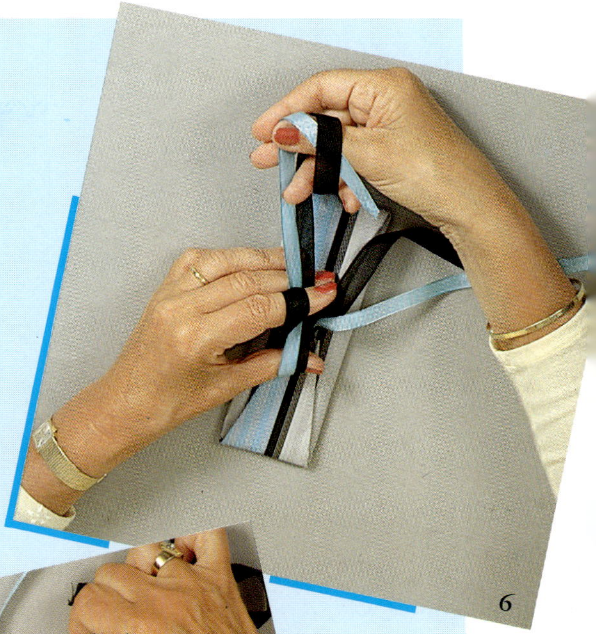

„Bandmöve“

Ein weiterer Vorschlag zum pfiffigen Verpacken langer, schmaler Päckchen. Päckchenabschluß mit Doppelfalte.

„Möve“: 19 mm breites Juwel- oder anderes steifes Acetatband über die Mitte der Doppelfalte längs ums Päckchen legen und verknüpfen. Einen zweiten fest und einen dritten locker geschlungenen Knoten darüberlegen und letzteren leicht flachdrücken. Bandenden schräg schneiden und nach Belieben mit Schmucksiegel fixieren.

BUCHERER

Abwandlungen des V-Verschlusses

Eignen sich auch sehr für Bücher, Schallplatten usw.

Papierlänge: Die Paketoberseite muß von beiden Seiten her ganz bedeckt sein.

Papierbreite: Bei ganz flachen Gegenständen: beidseitige Zugabe je 5 cm.

1

2

1. Linke obere Ecke nach innen und rechte nach außen so zur Mitte hin umlegen, daß ein Dreieck entsteht. Kanten gut falzen und an der Innenseite der Dreieckspitze Doppelkleber anbringen.

2. Mit der Dreieckspitze über das Paket zur gegenüberliegenden Kante fahren, Papier straffziehen und wieder zurücklegen. Mit dem ungefalteten Papierteil Päckchen-Oberseite ganz decken, dann mit dem Dreieck so schließen, daß das obere und das untere Papier seitlich bündig sind. Seitliche Paketkanten durch Andrücken des Papiers markieren. Jetzt zuerst obere Papierzugabe nach innen unters Buch schieben und hernach unteres Papier nach innen klappen.

3. + 4. **Dekorvarianten:** mit Firmensiegel oder Schmuckkleber,
mit Bandrose, Anleitung Seite 20,
mit Bandschmetterling, Anleitung Seite 16.

Das nach außen gelegte Dreieck kann nochmals schmal umgelegt und beliebig dekoriert werden.

3

4

Kragenpaket mit Variationen

V-Verschluß – jedoch umgekehrt – eignet sich, wie alle V-Verschlüsse, sehr für „weichen“ Inhalt

1. Linke und rechte obere Ecken diesmal von der Rückseite her zu einem Dreieck umlegen. Kanten gut falzen und an der glatten Dreieckspitze Doppelkleber anbringen.

2. Paket wie bei V-Verschluß fertig machen. Beim seitlichen Schließen der Schmalseiten ist darauf zu achten, daß der weiße Umschlag zusammen mit dem unteren Papier als erstes straff mit eingeschlagen wird.

3. Nun das Papier über die seitliche obere Paketkante biegen und falzen.

4. Jetzt den seitlichen Spitzverschluß oben von der äußersten dunklen Papierecke her schräg zur unteren Paketecke fertigen, daß eine Parallele zum Verschluß-Dreieck entsteht. Mit Klebepunkt oder verdecktem Kleber fixieren.

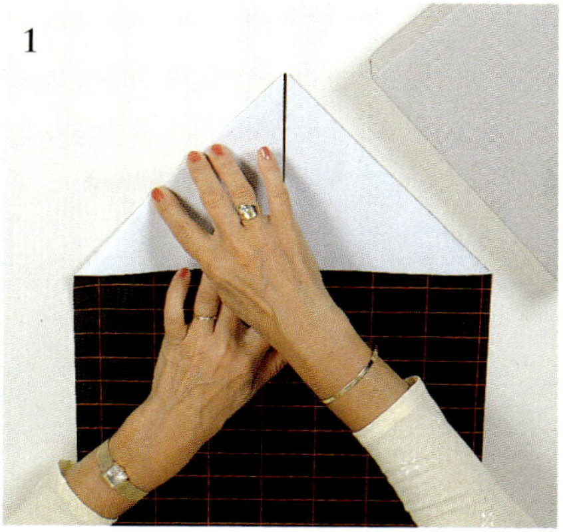

1

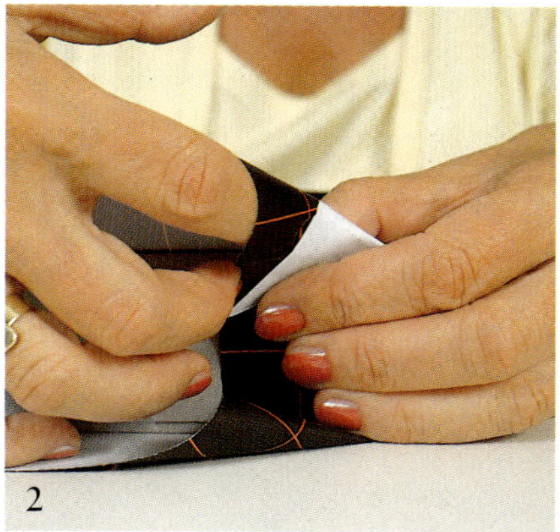

2

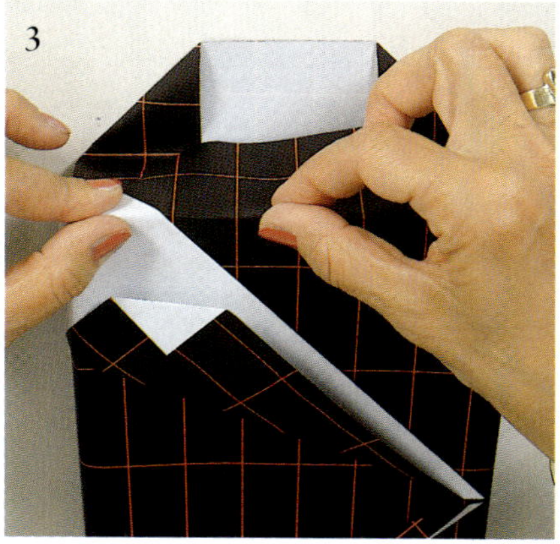

3

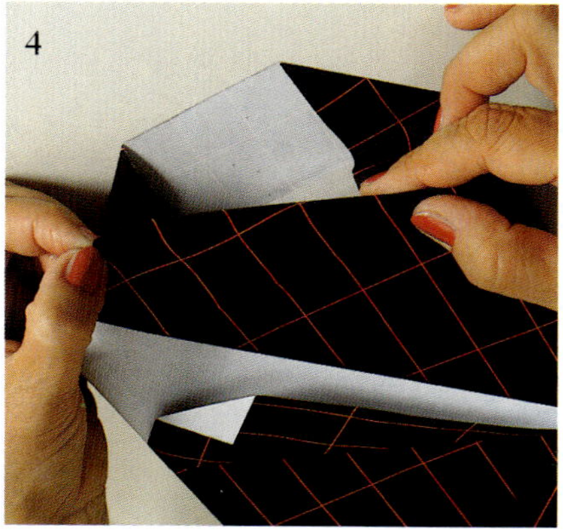

4

Kragenvarianten:

5. Herrenhemd: Ecken nach unten legen.

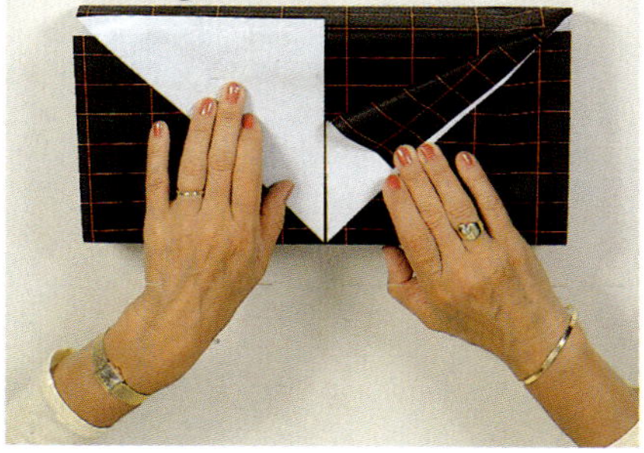

6. Damenausschnitt: Ecken seitlich umlegen.

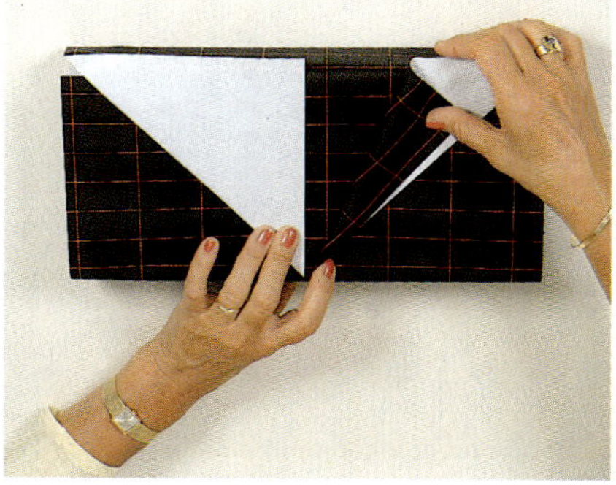

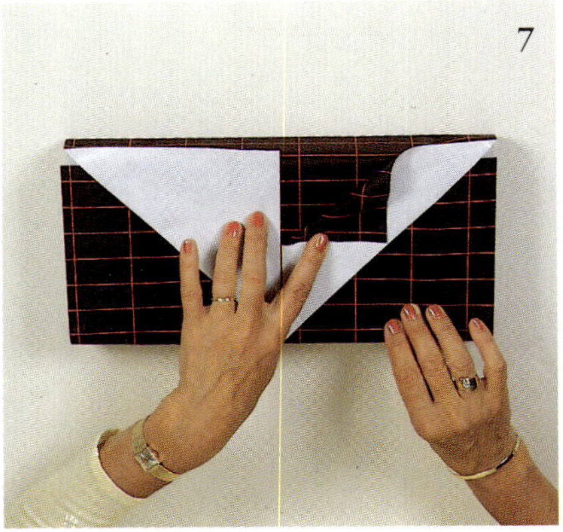
7

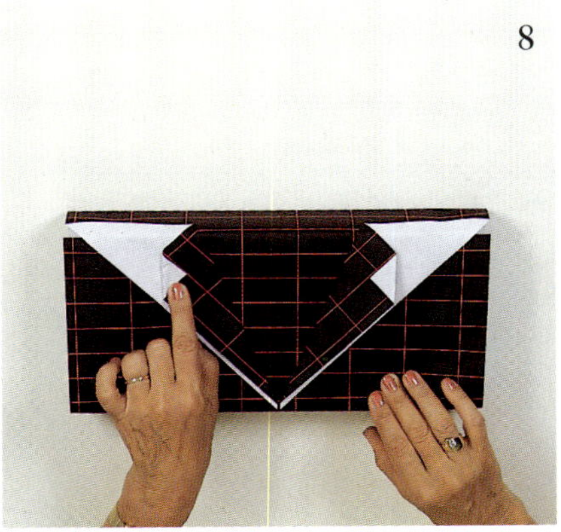
8

7. Kinderkragen: Ecken rechtwinklig umlegen.

8. Durch nochmaliges Umfalten der Ecken des Ausschnitts entsteht wiederum das Revers eines Herren-Jacketts.

9. + 10. Auch dieses kann durch Aufsetzen einer großen oder kleinen Schleife am unteren Ende total verändert und zur Damenverpackung umfunktioniert werden.

Bild 11 zeigt wiederum den „Herrn“ mit dunklem Hemd und roter Fliege.

Ein Blick auf die nächste Ganzseite zeigt Ihnen, daß die Variationsmöglichkeiten fast unbegrenzt sind. Durch Einschieben eines weißen Dreiecks in den Ausschnitt trägt der Herr unter der roten Fliege ein weißes Hemd!

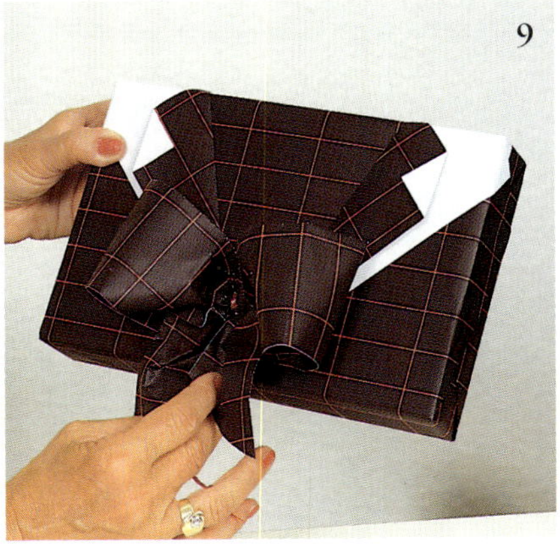
9

10

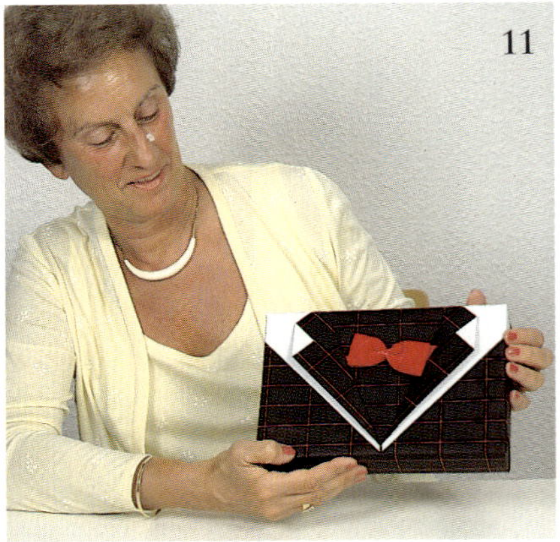
11

Päckchen, „die aus dem Rahmen fallen“

Dunkles Hemd und Silberstreifen-Jackett

Diese Verpackung besteht aus zwei Teilen und kann für Standard-Pakkungen auf Vorrat gefertigt werden.

unterer Teil: das Hemd
oberer Teil: das darüberliegende Jakkett; daher muß beim „Hemd“ die untere Paket-Schmalseite nicht verpackt werden.

Beide Verpackungsteile können auf einer Leerpackung vorgefertigt, auseinandergezogen und später wieder auf eine volle Packung zusammengesteckt werden. – So wird der kostbare Inhalt (z.B. Truffes) geschont. Das Deckblatt bleibt in diesem Fall auf dem Doppelkleber des Hemdes und wird erst beim effektiven Verpacken entfernt, damit die beiden Teile aneinander haften.

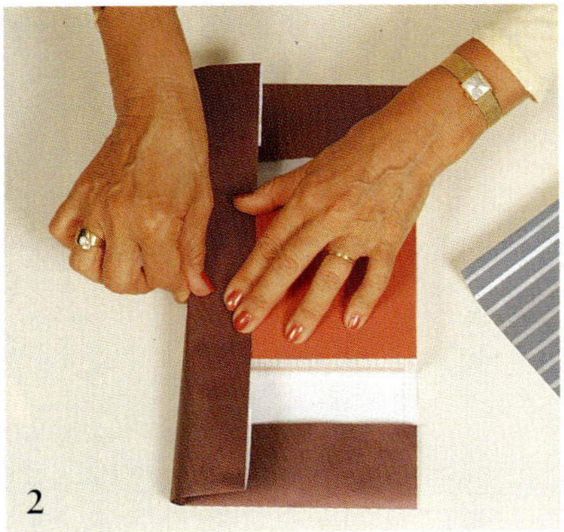

Papiermaß Hemd:
oben: zwei- bis dreimal Pakethöhe
unten: Packgut bündig an Papierkante legen.
Seiten: die Oberfläche muß von beiden Seiten her ganz bedeckt sein.

1. Nun zuerst die beiden Deckpapiere an den Längsseiten je zur Hälfte umlegen, so daß die umgelegten Kanten beim nachherigen Verschließen nur ca. 1 mm übereinander zu liegen kommen.

2. Papierüberstand von oben über den Karton, den Umschlag mit den beiden Seiten parallel legen…

3. …und obere Kante flachdrücken. Gut falzen.

4

4. Die beiden Seitenteile zur Paketmitte der Oberseite umfalten und die beiden Kanten im unteren Drittel mit Doppelkleber (Deckblatt belassen) verschließen.

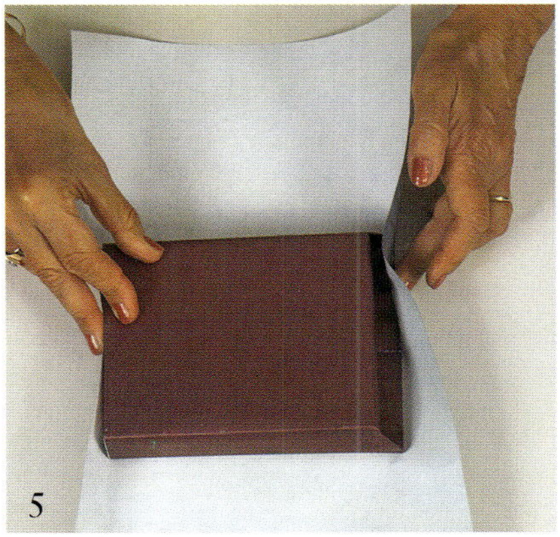

5

5. **Papiermaß Jackett:** gleich wie Hemd, jedoch für die untere Seite 1 × Pakethöhe zugeben.

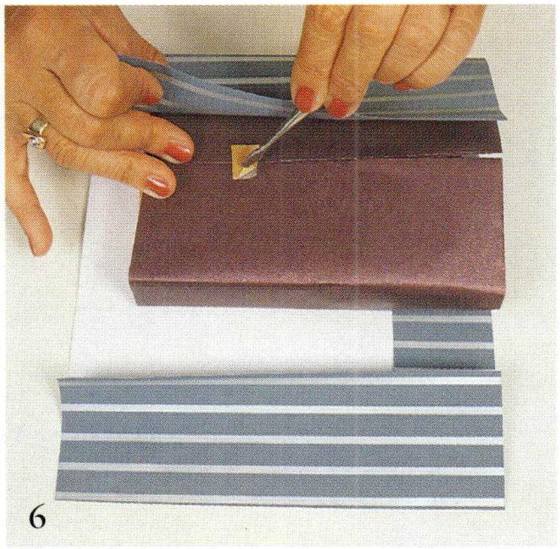

6

6. Obere Papierzugabe in Höhe der oberen „Hemdkante“ nach innen legen und hernach die beiden langen Seitenpapiere auf halbe Breite umfalten. Deckblatt des Doppelklebers entfernen, äußere Verpackung zur Mitte schließen und andrücken.

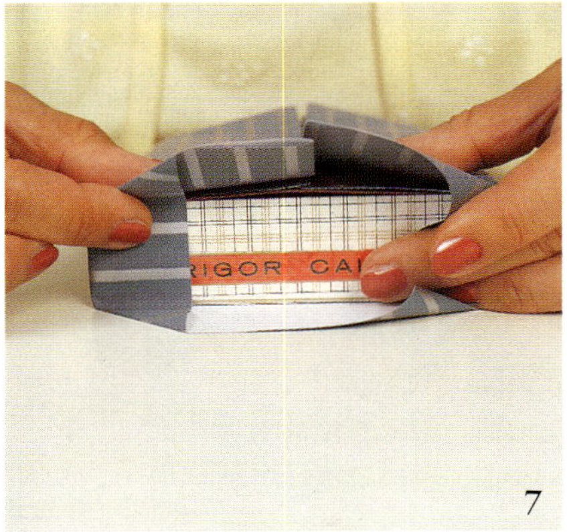

7

7. Untere Schmalseite wie gewohnt verschließen, zuerst die beiden Seitenklappen.

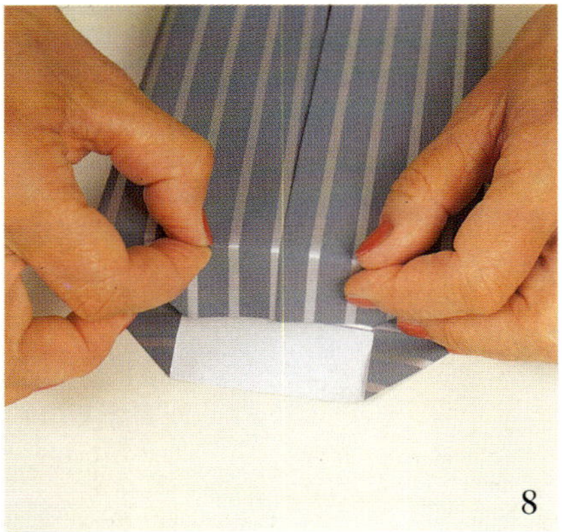

8

8. Die obere Paketkante durch Andrücken markieren.

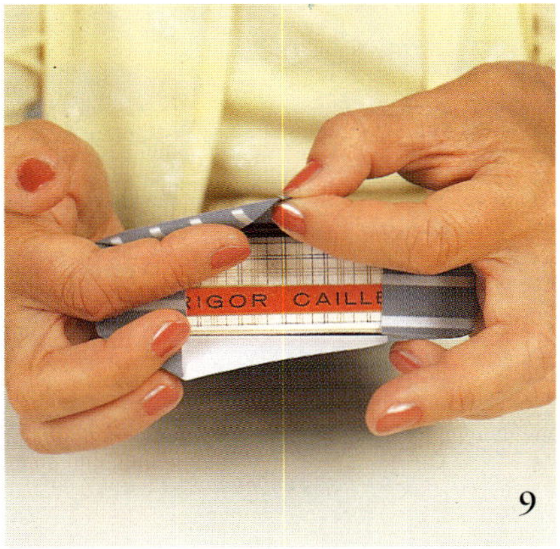

9

9. Die Deckklappe nochmals falten, so daß ein Spitzverschluß entsteht, …

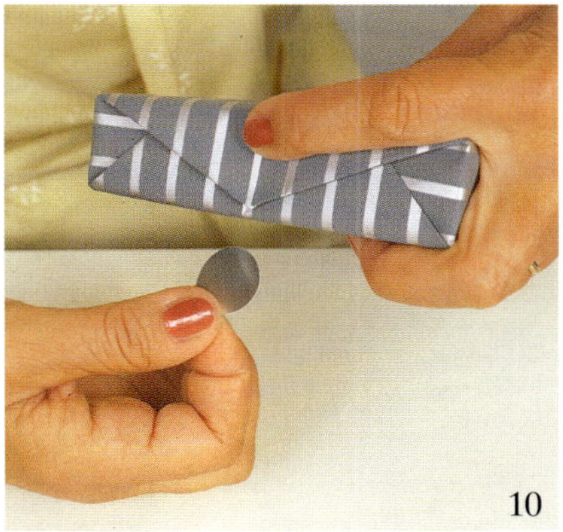

10. … und mit Klebepunkt verschließen.

11. Jackett-Revers nach außen drücken, …

12. … und Hemdkragen nach unten umfalten.

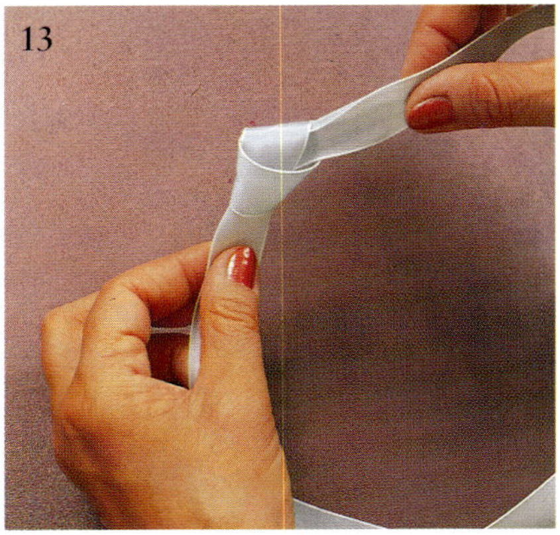
13

13. **Krawatte:** Mit einem passenden Band einen nicht festgezogenen Knoten schlingen, ...

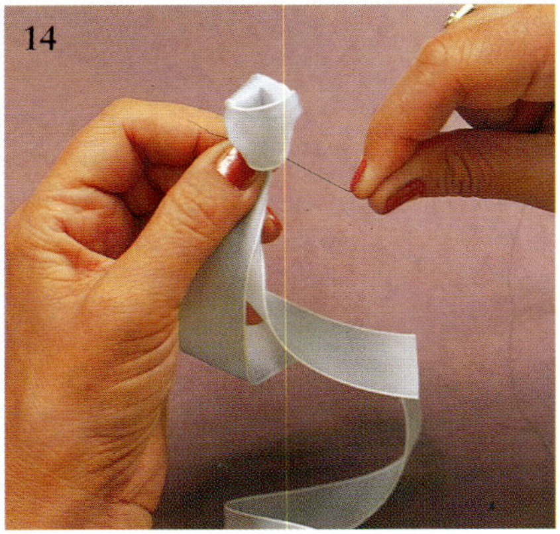
14

14. ...das obere Bandende nach hinten umlegen und beide Bandteile unter dem lockeren Knoten mit sehr feinem Draht zusammenziehen.

15. Ein Doppelkleber-Quadrat direkt unter dem Hemdkragen befestigen...

16. ...und die Krawatte darandrücken.

Es kann natürlich eine Hemdenverpackung allein erstellt werden, wobei dann die Höhe der unteren Schmalseite beim Papiermaß zugegeben und diese Seite wie gewohnt verschlossen wird.

Variante: Für die Dame einen Spitzenkragen:

Die beiden oberen Hemdkantenteile werden zusammen mit kleinen, halbierten Tortenspitzen entweder gar nicht oder nur wenig nach **hinten** gebogen.

Dekolleté mit Spitzeneinsatz:

Hemden-Verschluß statt in Paketmitte an dessen Seitenkante fertigen. Vor dem Andrücken der Jacke eine kleine Spitze einlegen.

15

16

Die Flasche

Elementares zum Verpacken einer Flasche

Papierbedarf: ca. einen Viertelbogen (50 × 35 cm), je nach Flaschengröße.

Flasche auf das Papier legen. Unterer Papierüberstand = halber Flaschendurchmesser.
Bei Hohlböden kleinen Seidenpapiertuff in die Höhlung drücken oder Papierzugabe eine Fingerbreite länger lassen (Sternabschluß).
In der Höhe kann die Papierlänge von 50 cm meistens belassen werden. (Je nach Abschluß: 10 cm, für Faltungen bis zu 20 cm über den Korken.)

1. Papierbreite nur zum Umhüllen: 1½-2 cm mehr als Flaschenumfang. Für Dekorfalte entsprechende Zugabe. – Bei 7-dl-Flaschen kann von der Papierbreite ein Streifen abgeschnitten werden, der als Krageneinlage oder für ein Papierschleifchen Verwendung findet.

2. Für eine vordere, **senkrechte weiße Dekorfalte** lange Papierkante zweimal in der gewünschten Breite nach außen falten, so daß ein breiter weißer Streifen entsteht. Im unteren Drittel der Falte

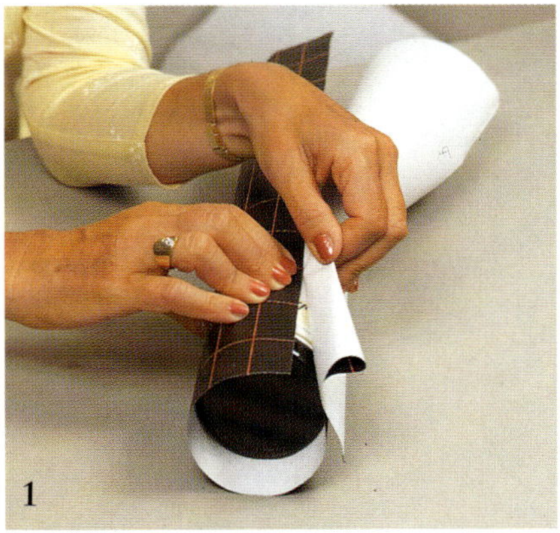
1

2

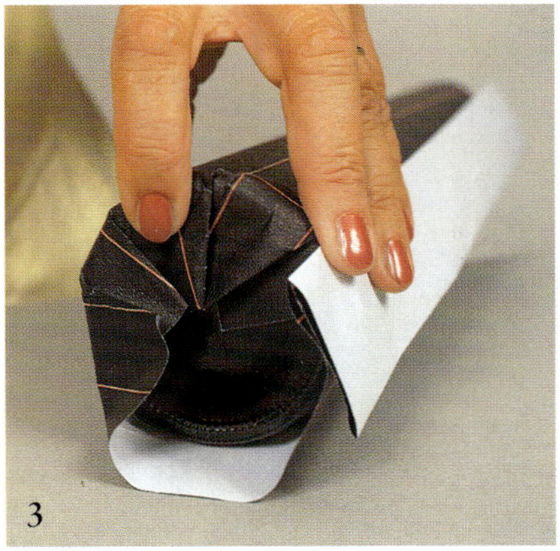
3

– an der Kante der Innenseite – einen Doppelkleber fixieren (für Vorrat samt Deckblatt).

Soweit läßt sich die Verpackung (für Stoßzeiten) vorbereiten.

3. Erst jetzt die Flasche einwickeln, Papier straffziehen, Kleber-Deckblatt entfernen und mit dem verdeckten Kleber oder Firmensiegel verschließen.
   Nun zuerst den Boden zum Stern falten: **Mit dem inneren Papierende beginnen.** Dieses mit Daumen und Zeigefinger straff zur Mitte ziehen, Fältchen legen und mit dem Zeigefinger der anderen Hand festhalten. Weitere Fältchen legen und dabei die Flasche langsam drehen.

4. Letztes Fältchen unter das erste schieben (bei Dekorfalte diese zur Spitze formen), und die Mitte mit Klebepunkt verschließen.

4

Für Sie, meine Damen: „die Herren-Verpackung schlechthin!“

Krawatten-Verschluß

5. Obere Papierzugabe: 12-15 cm, seitlich flach- und damit luftleer drücken.

6. Obere doppelte Kante zweimal nach hinten umfalten, wobei in die erste Falte ein ca. 70 cm langes Band eingelegt und mit eingefaltet wird. Linkes Bandende länger lassen.

7. Zur Betonung des Kragens kann z.B. ein umgedrehter Reststreifen Papier unter die Falte geschoben werden.

   Mit dem Daumen „Kragenmitte“ festhalten und die beiden Ecken nach vorn biegen (s. Zeichnung).

8. Das lange Krawattenband rund ums kurze legen und festziehen, damit der Kragen beim Binden der Krawatte fest geschlossen bleibt.

Um ein Lockerwerden des Knotens zu verhindern, diesen, die Kragenspitzen und das kurze Bandstück zwischen Daumen und Zeigefinger festhalten.

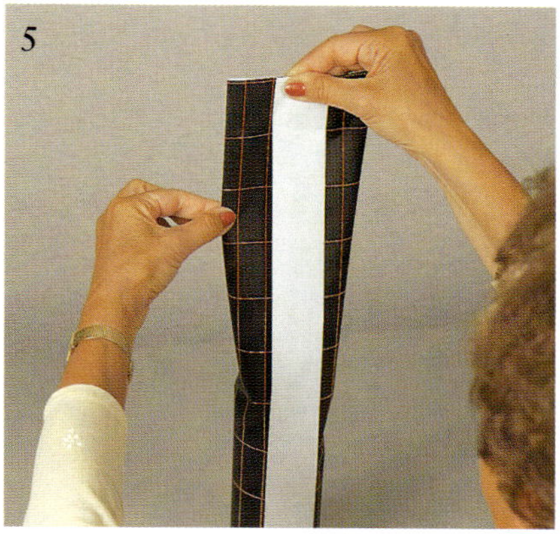
5

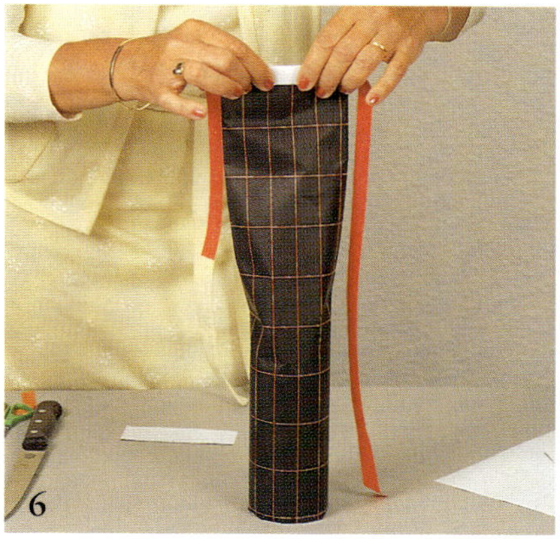
6

7

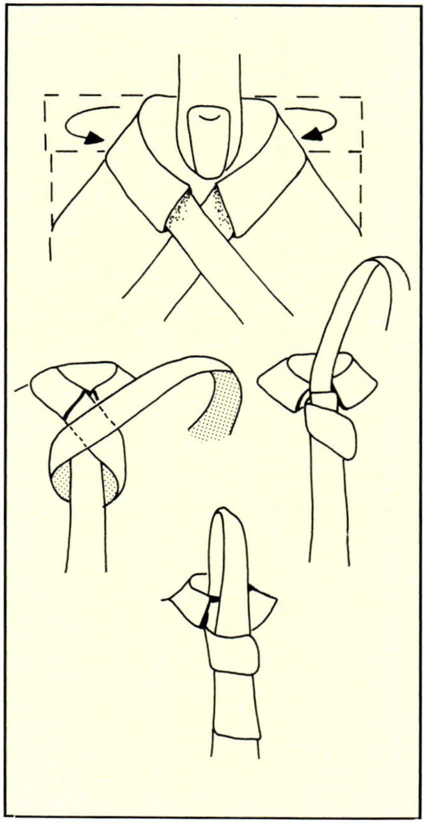

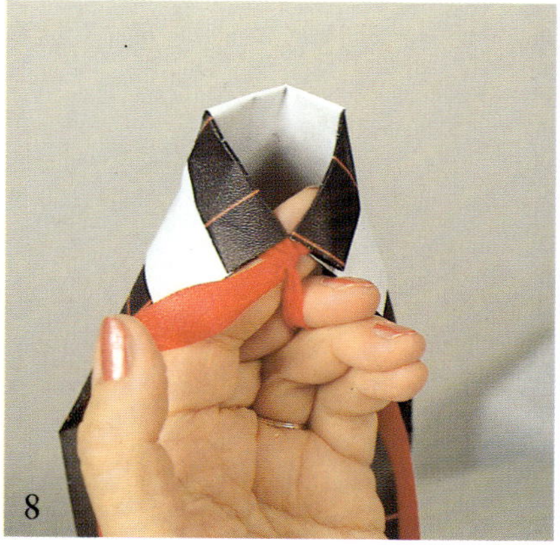
8

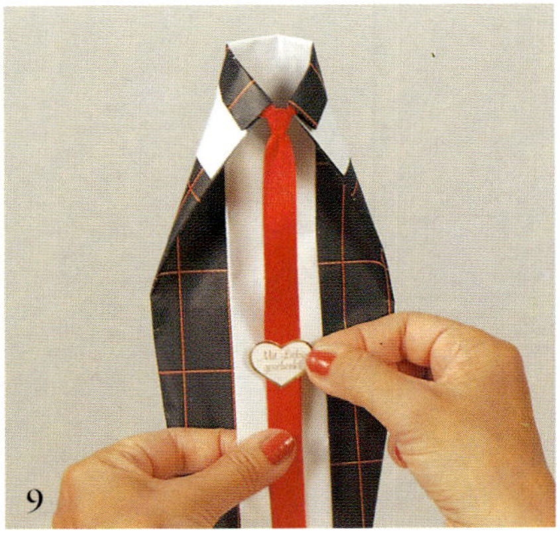

9

Das lange Bandende nochmals um den Knoten bzw. Daumen legen, jetzt jedoch zwischen dem Kragen hoch und durch die „Daumenschlaufe“ nach unten schieben. Enden festziehen (siehe Zeichnung).

9. Krawatte mit einem Herzkleber an der weißen Dekorfalte festkleben, und Sie gewinnen sicher jedes Männerherz.

1

Variante: Damenverpackung „mit Charme“

1. + 2. Einlage einer kleinen Tortenspitze. Statt der Krawatte ein Schleifchen binden.

3. Damit das Schleifchen schön waagrecht steht, nach dem Verknoten: erste Schlinge mit dem nach links unten hängenden Bandteil formen!

2

3

1

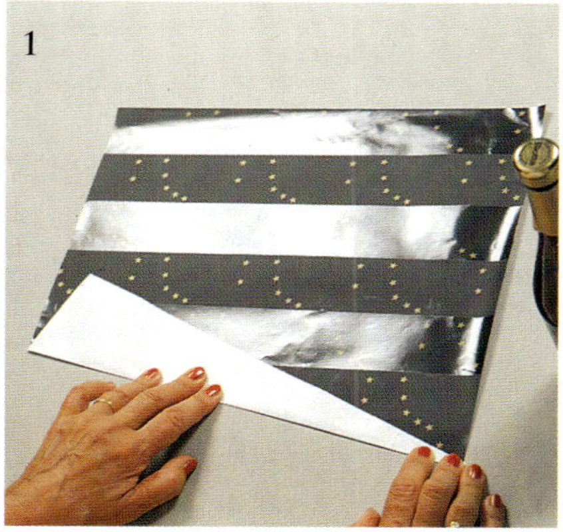

2

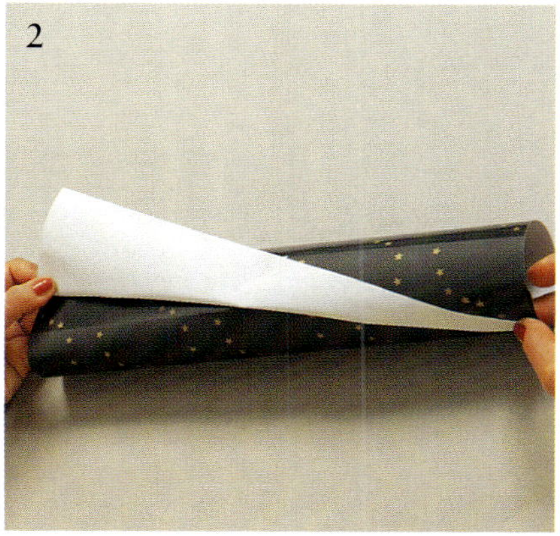

3

Breiter Schrägverschluß mit Variante

Papierbedarf: ganze Breite = 35 cm belassen.

1. Lange Papierkante nach außen schräg umfalten, so daß ein z. B. weißes Revers entsteht.

2. Jetzt Flasche auf das Papier legen, einwickeln und mit verdecktem Kleber verschließen. Wie gewohnt erst Boden fertigen (Sternabschluß).

3. Flasche aufstellen und oberen Papierüberstand flach- und damit gleichzeitig luftleer drücken.

4. Die parallel gelegten oberen Papierkanten zwei- bis dreimal nach hinten umlegen, bis das obere Ende des Schrägumschlages mitgefaßt ist.

4

Dekorationsmöglichkeiten:

5. Firmensiegel oder Schmuckkleber

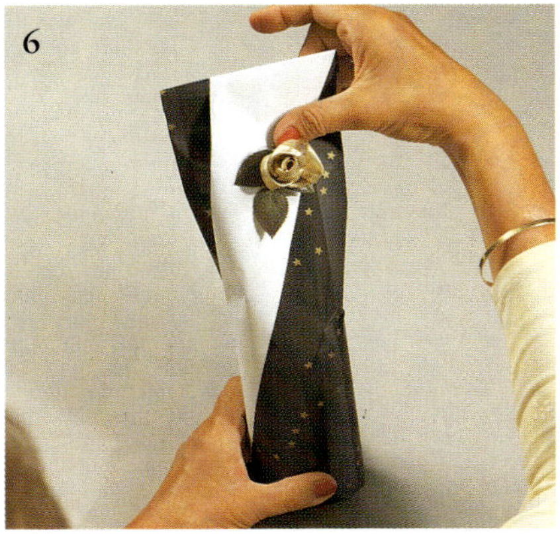

6. Bandrose, Anleitung Seite 20.

7. Biedermeierschleifchen aus Papier (siehe Zeichnung Seite 7).

3er-Schleifchen

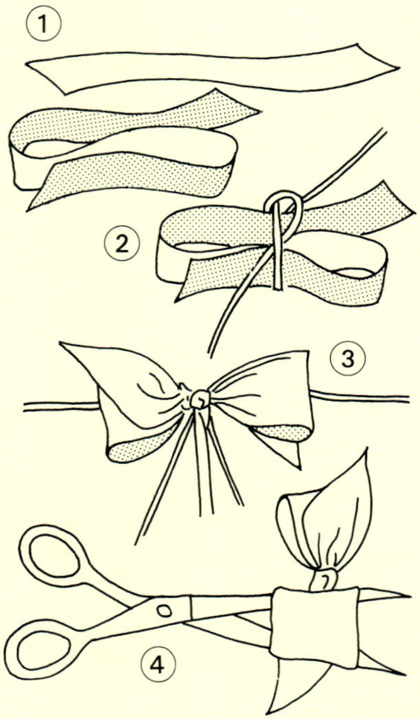

1. Die Enden eines ca. 15 cm langen Bandstückes schräg anschneiden,

2. ein S formen...

3. ...und mit ganz schmalem Band zusammenziehen.

4. Knoten auf Rückseite. Zusammengedrückte Schlaufen können mit Schere geöffnet werden.

Variante:

8. Obere Ecke des schrägen Papierumschlages nochmals abgewinkelt nach hinten umfalten.

9. Dekormöglichkeiten wie zuvor.

Piccolo-Fläschchen mit Krauskragen

1

Papierbreite: ca. 1½ × Flaschenumfang.

1. Flasche auf das Papier legen und darin einrollen. Die Sternfaltung des Bodens kann gleichzeitig mit dem Einrollen gefertigt werden.

2

2. Aus einem Papierabschnitt ein 3er-Schleifchen binden (Zeichnung S. 58). Den oberen Papierüberstand über dem Flaschenende zusammendrücken …

3

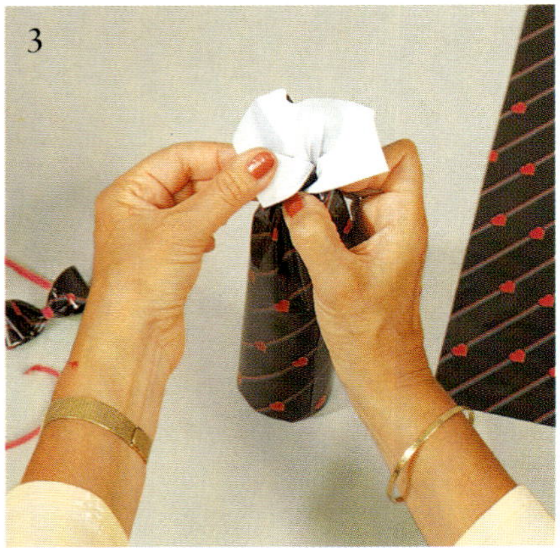

3. … und die so entstandene Krause auseinanderziehen, so daß ein weißer Kragen entsteht.

Das vorgefertigte Schleifchen um die zusammengedrückte Stelle binden und die Bandenden mit Schmuckkleber oder Firmensiegel festkleben.

Die gezeigten Flaschenverpackungen eignen sich nicht nur für alkoholische und alkoholfreie Getränke oder Stärkungsmittel, sondern auch für Parfüm, Badezusätze, schlanke Gläser, Vasen, dicke Kerzen usw.

Mit Liebe geschenkt
Zum Geburtstag

Das Krawatten-Paket für den Herrn

Es eignet sich besonders gut für lange, schmale, flache Pakete, sowie als Tütenabschluß in allen Bereichen.

Der Paket-Verschluß wird durch die Krawatte zugedeckt. Darum wird er in die Mitte der Oberseite genommen. Ein knapper Papierbedarf ist somit gegeben. Die beiden Papierenden sollen sich nur wenig überdecken. Verschlußkante nicht umbiegen.

Seitliche Papierzugabe:
für untere Seite: Pakethöhe
für obere Seite: 12-15 cm

Päckchen unten wie gewohnt verschließen.

1. **Oben:** Papierüberstand flach- und damit luftleer drücken. Obere doppelte Kante zweimal nach hinten umfalten, wobei in die erste Falte ein ca. 70 cm langes Band eingelegt und mit eingefaltet wird. Linkes Band länger lassen.

2. Zur Betonung des Kragens kann ein Reststreifen – weiße Rückseite oben – unter die Falte geschoben werden.

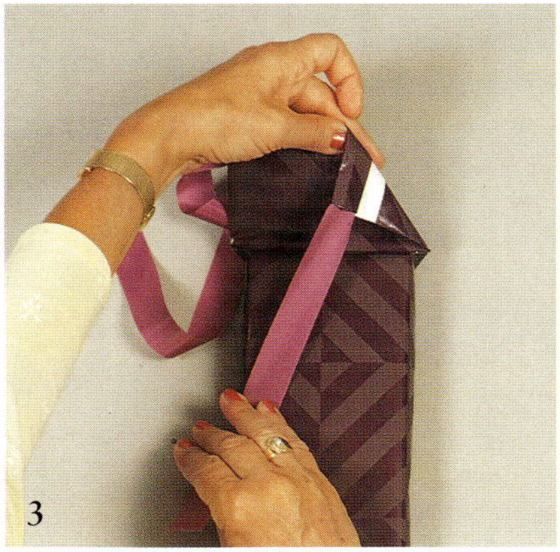

3. Mit dem Daumen „Kragen“ in der Mitte festhalten und die beiden Ecken nach vorn biegen.

4. **Krawatte binden:** Linkes Band über rechtes legen, untendurch wieder hoch- und festziehen. Um ein Lockerwerden des Knotens zu vermeiden, hält man diesen, die beiden Kragenspitzen und das kurze Bandstück zwischen Daumen und Zeigefinger fest.

5. Nochmals das lange Bandende um den Knoten bzw. Daumen legen, ...

6. ...jedoch jetzt das Band zwischen dem Kragen hoch...

7. ...und durch die „Daumenschlaufe“ nach unten schieben.

8. Enden festziehen – die Krawatte sitzt!

7

8

Das Damen-Paket mit verlängertem Kragen

In dieser Verpackung läßt sich sozusagen alles für die Dame schenken!

Papierbedarf wie beim Paket für den Herrn.

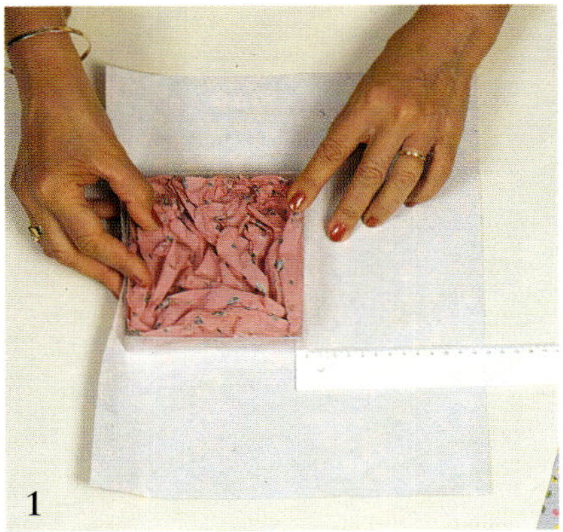

1

1. Paket wieder so aufs Papier legen, daß unten ein Überstand in der Pakethöhe und oben ca. 13 cm bleiben.

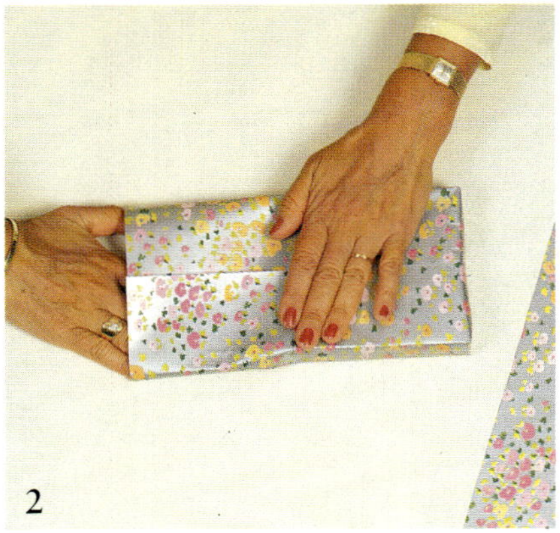

2

2. Verschluß oben in der Mitte. Verschlußkante nicht umgebogen. Der Reststreifen mißt hier 35 × 8 cm, also die ganze Papierbreite.

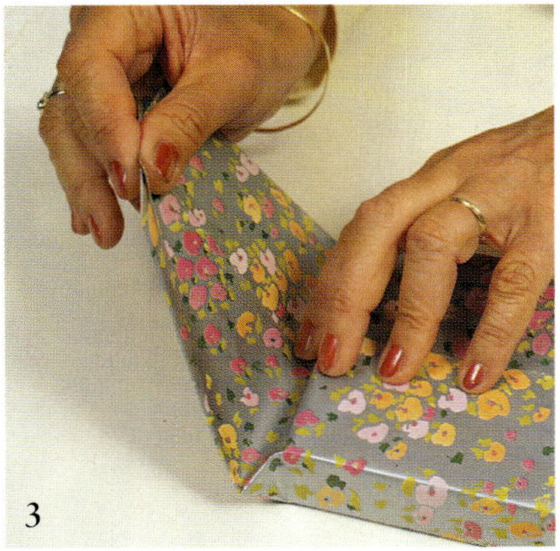

3

3. Oberen Papierüberstand flach- und gleichzeitig luftleer drücken.

4

4. Obere doppelte Kante einmal nach hinten umfalten.

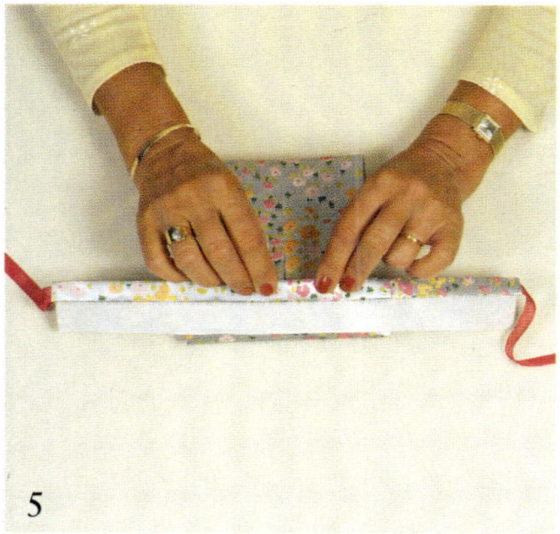

5

5. Vor dem zweiten Nach-hinten-falten wird der lange Reststreifen – weiße Seite oben – und ein Schleifenband so unter die erste Falte geschoben, daß die beiden Seitenteile gleich lang sind.

Nun alles zusammen noch zweimal nach hinten umfalten, …

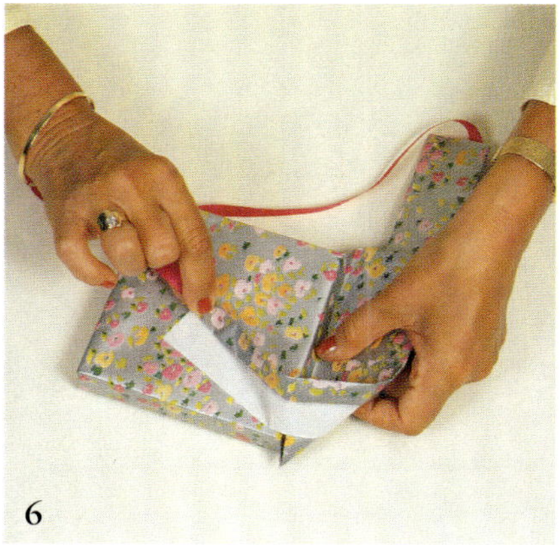

6

6. … die langen Kragenteile wie zuvor nach vorn umlegen, …

7. … Bänder verknüpfen und als Abschluß eine Schleife binden.

Durch das zweimalige Umfalten hält das eingelegte Band auch in der Verlängerung, und der Kragen ist auf der ganzen Länge farbig und weiß.

7

8

9

8. + 9. Je nachdem, wie weit der Kragen heruntergezogen wird, ergibt er einen Jungmädchen-Ausschnitt oder ein Damendekolleté. Bandenden mit Firmensiegel oder Schmuckkleber dementsprechend festkleben.

Heybrok
Bo.-WATTENSCHEID
Schnitzler
Mövenpick

Zylinder und Hüte

Zeitweise groß in Mode

Verpackung runder Dosen und Gläser, für den Herrn wie für die Dame, aber einmal anders, z.B. im Kosmetik-, Süßwaren-, Lebensmittel-Bereich.

Papierbedarf (Als Beispiel gelten die Maße für eine Dosengröße von 10 cm Höhe und 9 cm Durchmesser):
Höhe: 35 cm
Breite: 32 cm = Durchmesser × 3,2
+ kleine Zugabe

Aus diesen Angaben kann jede andere Größe abgeleitet werden.

1

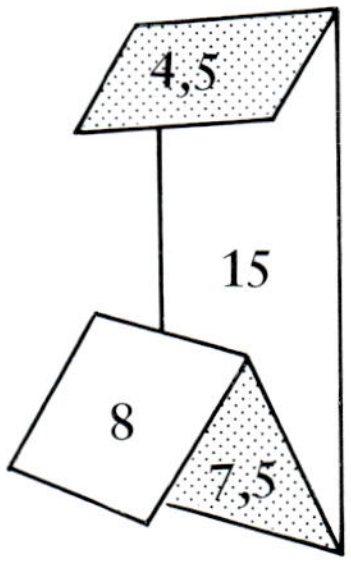

1. Das Papier wird so gefaltet, daß aus einem zusammenhängenden Stück der Deckel, die Seiten, die Hutkrempe und der Dosenboden gefertigt werden können.

2

2. Um ein Verschieben des unteren, nach innen gebogenen Papiers zu vermeiden, die Faltkante mit einem Klebstreifen fixieren.

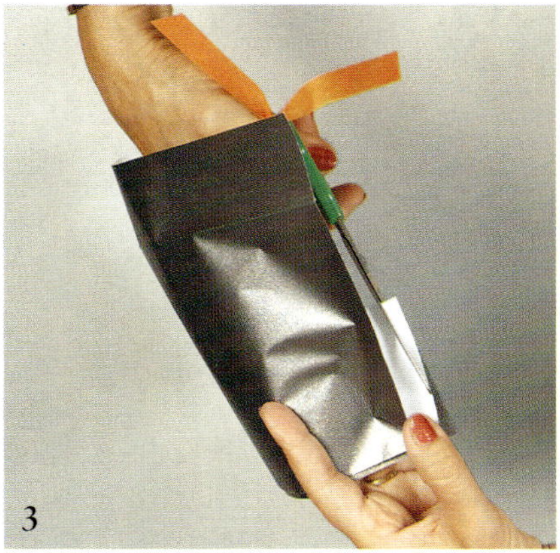

3

3. Die Seitenkante des inneren, doppelt gelegten Teils auf der Verschlußseite leicht schräg schneiden,...

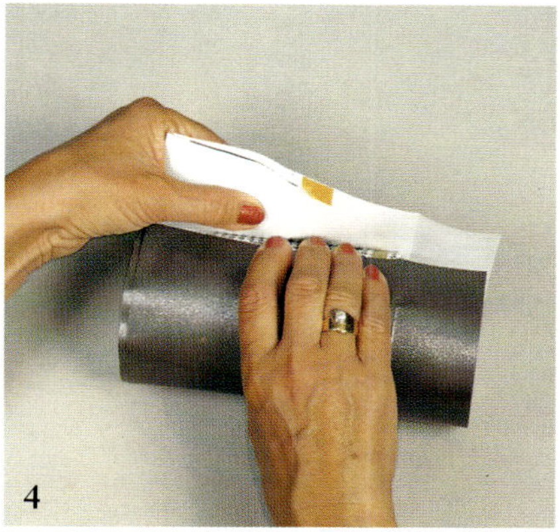

4

4. ... damit die weiße Innenseite beim Einwickeln nicht sichtbar wird.

Dose mit Deckelrand an den obersten Knick aufs Papier legen, satt einrollen und mit verdecktem Kleber fixieren.

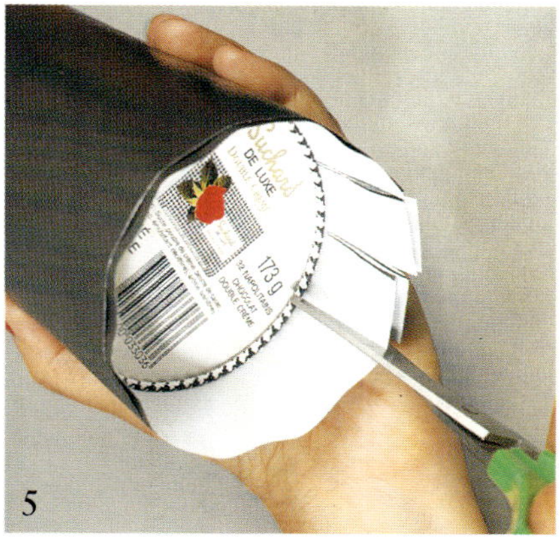

5

5. Nun den gesamten unteren Papierüberstand bis zur Dosenkante in 2-3 cm breite Streifen schneiden. Dies ergibt immer einen doppelten sowie einen darunter liegenden einfachen Streifen.

6

6. Jetzt wird zuerst der äußere, doppelte Streifen **leicht** über den Scheren-Rükken gezogen. Um ein Weiter- oder Abreißen der Streifen zu vermeiden, soll das Papier oben am Einschnitt mit dem Daumen der anderen Hand gegen die Dose gedrückt werden.

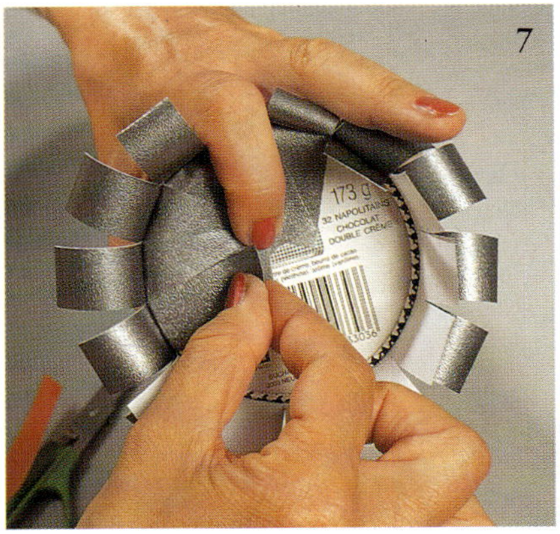

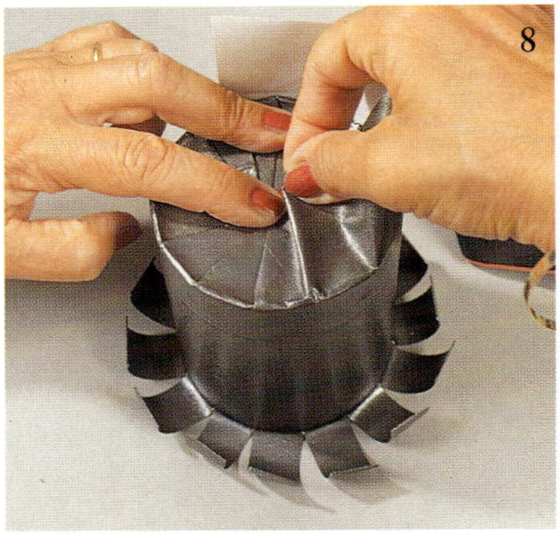

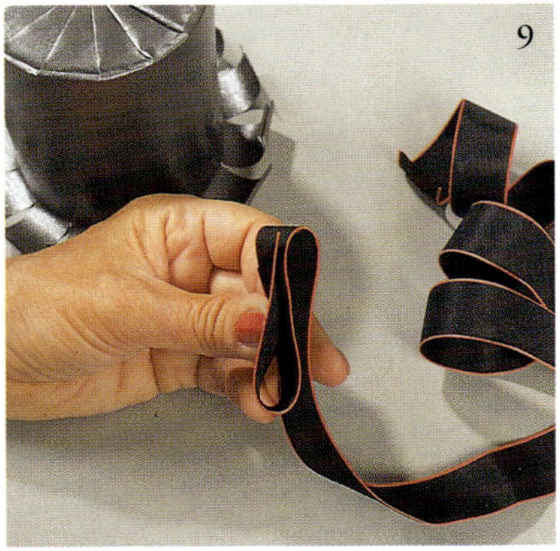

7. Den Boden verschließen, indem die verbliebenen einfachen Papierstreifen sternförmig zur Mitte gelegt und mit einem Klebepunkt verschlossen werden.

8. Dose hochstellen und Stern-Faltverschluß fertigen. Nicht vergessen: mit dem innersten Papierteil beginnen!

9. Das Hutband wird am einen Ende wie ein S gelegt …

10. … und diese S-Schleife mit einem Stückchen des gleichen Bandes über der Mitte fixiert.

11. Mit dem anderen Bandteil eine Bandbreite weniger als den Hutumfang abmessen und den Rest abschneiden. Ein Stück Doppelkleber quer am unteren Rand des Zylinders anbringen. Bandanfang auf die eine Hälfte des Klebers drücken, das restliche Band rund um den Hut legen, und das Flach-Schleifchen an den freigebliebenen Kleberteil drücken.

12. In der gleichen Arbeitsweise kann statt des Zylinders auch eine Kerze mit Kerzenteller gefertigt werden (s. Seite 39). Da der Kerzenteller größer als der Hutrand ist, ändern sich auch Papier- und Faltmaße.

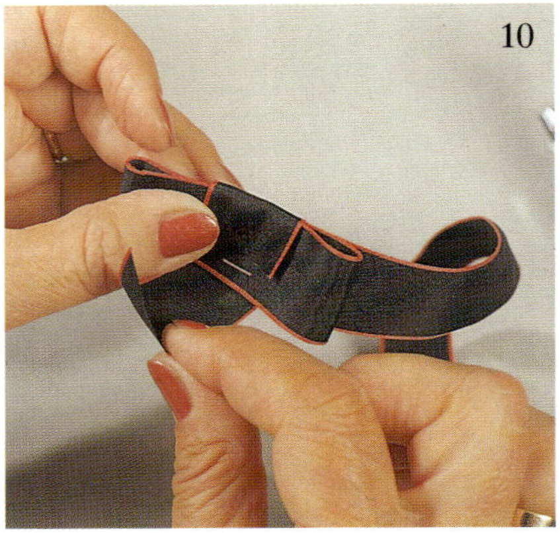

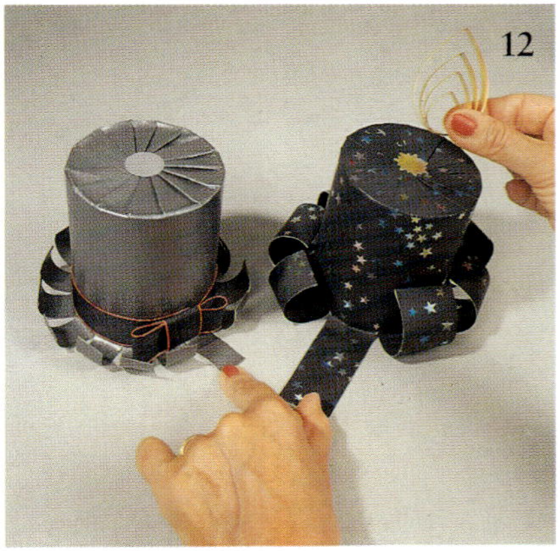

Flamme

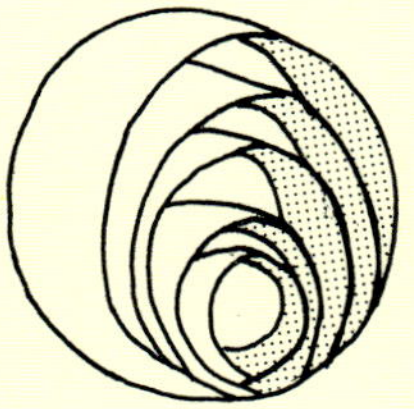

Je nach Bandbreite: 50-70 cm Band einmal locker um den Zeigefinger wickeln. Dies in immer größer werdenden Umwindungen wiederholen.

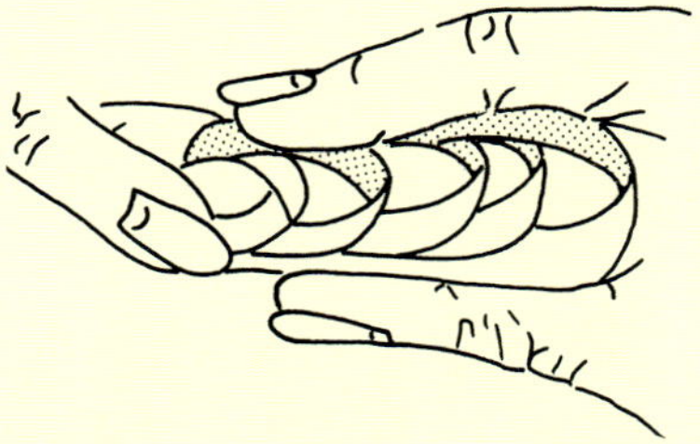

Die ganze Spirale am Ausgangspunkt mit einem Klebstreifen fixieren, den man von der Innenseite der kleinen Rolle um alle anliegenden Windungen bis wieder zum Ausgangspunkt zieht.

Klebstelle bleibt flach. Von dort her die Windungen zur Spitze hin flachdrücken.

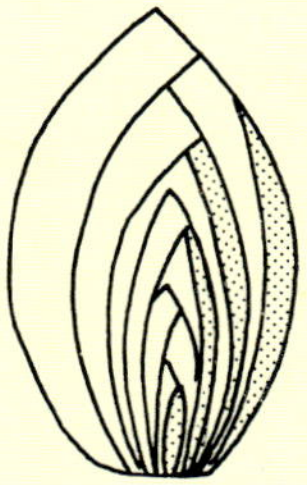

Flachstelle mit Doppelkleber befestigen.

Flasche als Kerze

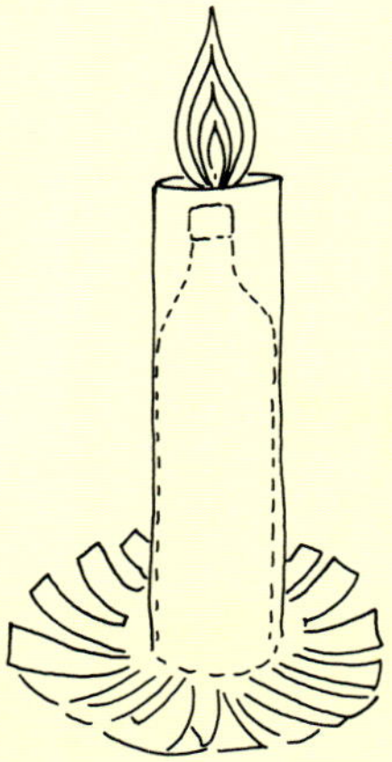

Obere Papierzugabe: halber Durchmesser des Flaschenbodens.

Auch eine Flasche kann in der gleichen Art als Kerze verpackt werden. Um den oberen Abschluß fertigen zu können, schneidet man eine Karton-Scheibe in Flaschenbodengröße und legt sie oben so in die Packung ein, daß sie auf dem Korken aufliegt.
Der so entstandene Teller wird wie bei der Dose mit Sternfaltung abgeschlossen.

Faltmaße für Kerze (Bild 12):
Bei gleicher Dose ist der Papierbedarf: Höhe: 42 cm, Breite 32 cm.

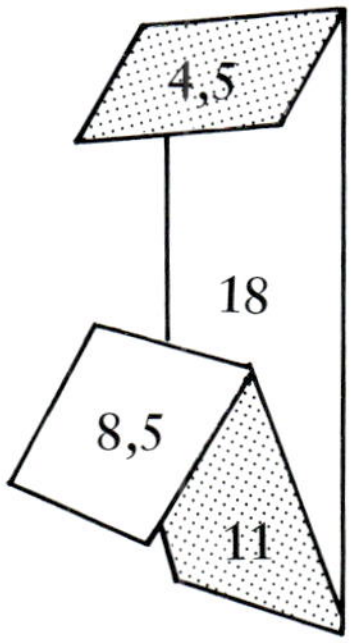

Der Spitzenhut für die elegante Dame

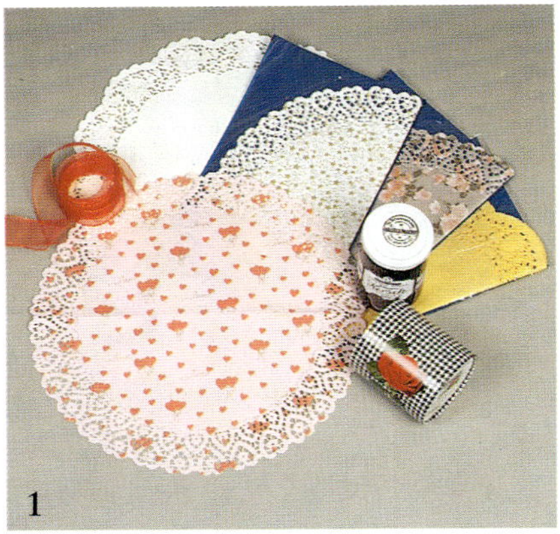

1

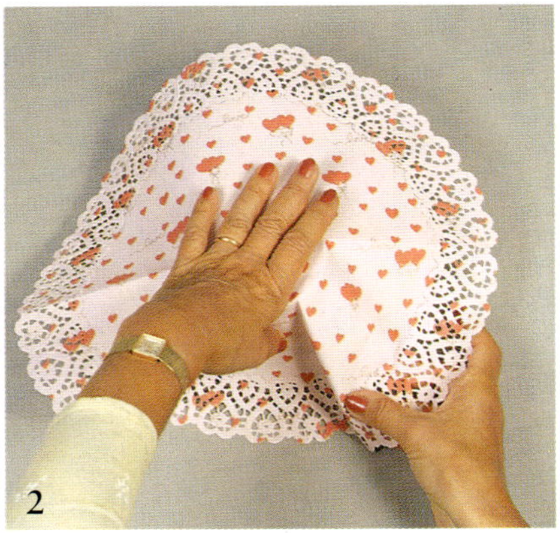

2

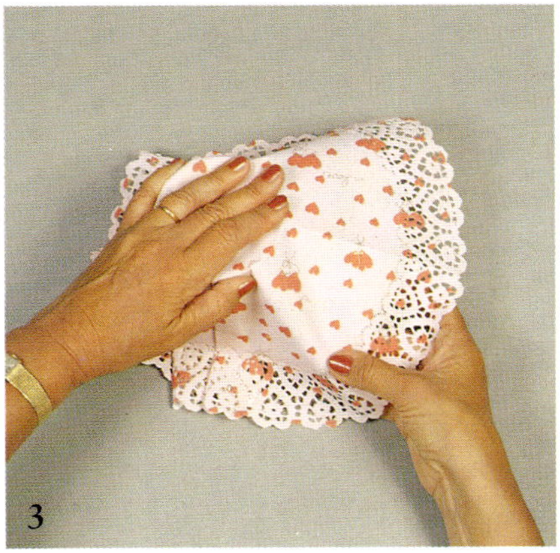

3

1. **Material:** Tortenspitze, Größe je nach Dosen- oder Glasgröße.

   Nach Belieben kann die Dose zuerst in Seidenpapier eingeschlagen werden.

   Je nach Behältnis, z. B. farbig kaschierte Kartondosen usw., kann aber auch lediglich eine äußere Verpackung in Form eines darüber gestülpten Hutes gemacht werden.

2. Dose hochstellen und Tortenspitze mit deren Mitte auf den Deckel legen. Mit einer Hand festhalten, mit dem Daumen derselben Hand die Spitze an der Dosenseite herunterdrücken und festhalten, bis die andere Hand in die Rundung eine Falte gelegt und diese auch seitlich heruntergezogen hat.

3. Zu Beginn ist die Spitze wegen der runden Form recht widerspenstig, weshalb das ständige Festhalten während des Faltenlegens wichtig ist.

4. Zuletzt ein duftiges breites Band um den unteren Dosenrand binden und mit einer schönen Schleife abschließen. Bandenden länger belassen.
   Als Muttertag-Verpackung z. B. sicher sehr willkommen.

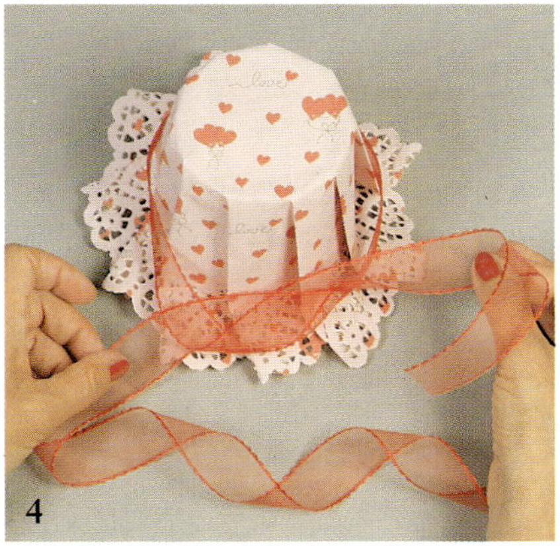

4

love

Dose als Nikolaus

(s. auch Seite 39)

Papierbedarf: Untere Papierzugabe: halber Dosendurchmesser. Oben: Je nach erwünschter Mützenhöhe.

Dose einrollen, **Boden:** Sternfaltung.

Oberen Papierüberstand nach hinten falten, wie Zeichnungen 1 + 2 zeigen.

Gesicht: Acrylwatte für Haarschopf, Bart und Schnurrbart.

Nase: Ilex-Beere oder rote Perle.
Augen: Filz, Papier oder kleines Firmensiegel (Zeichnung 3).

*
Befestigung mit Doppelkleber oder Leimtupfer.

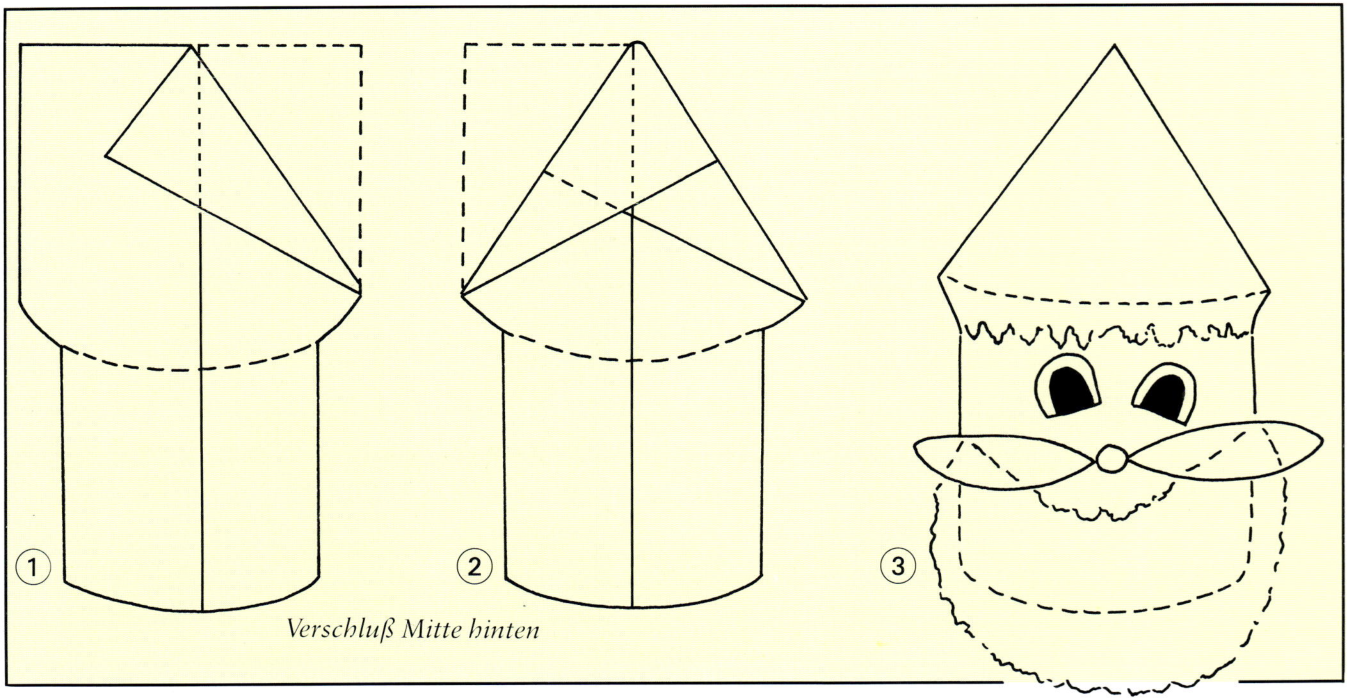

Rund-Verpackungen
mit Sternfalt-Abschlüssen

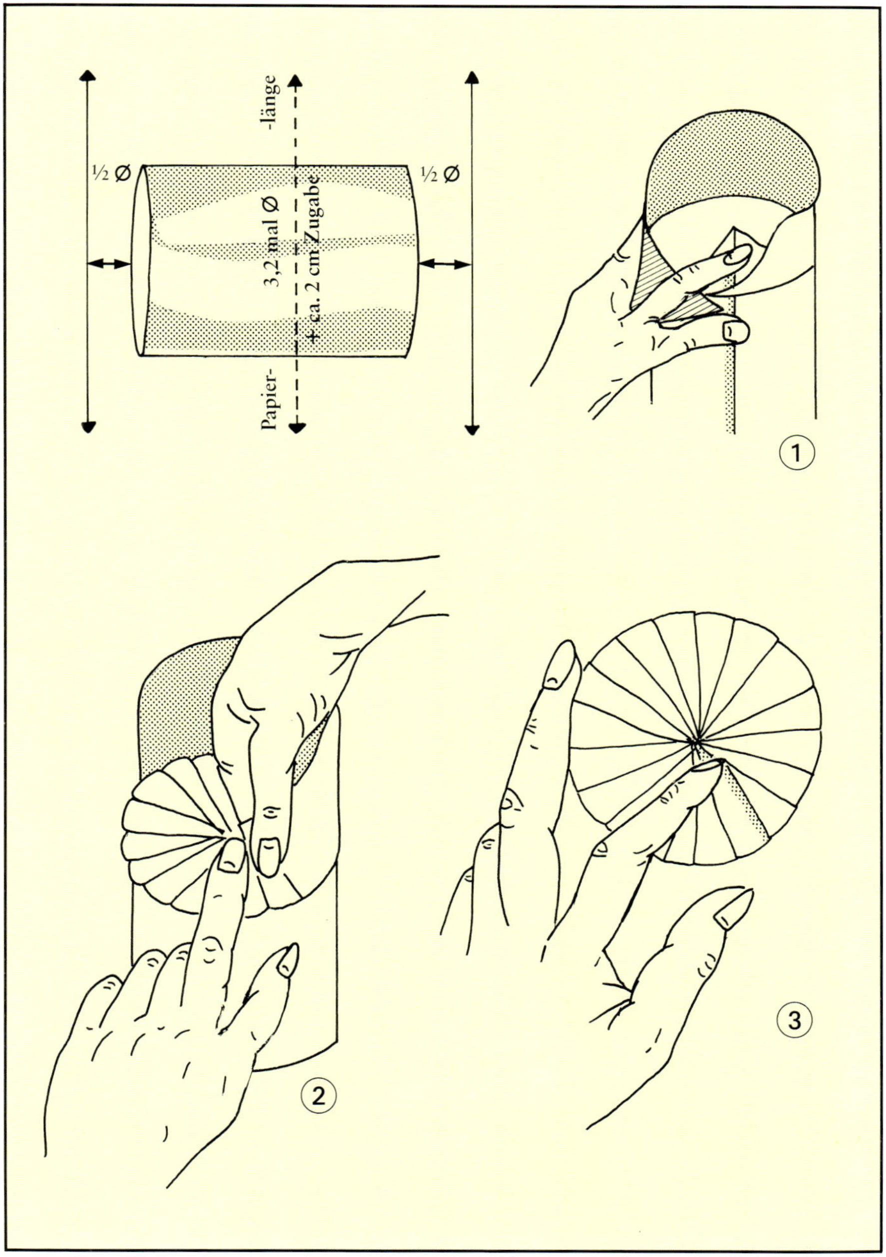

Dose sehr satt in das knapp bemessene Papier einrollen. Ende festkleben. Auf gleichmäßige seitliche Papierzugabe achten.

Um das Falten zu erleichtern: Unteren Papierüberstand achtlos zusammendrücken und Dose aufrecht stellen.

1. Mit dem inneren Papierende beginnen.

1. + 2. Dieses mit Daumen und Zeigefinger straff zur Mitte ziehen. Fältchen mit dem Zeigefinger der anderen Hand festhalten und zum Dosenrand hin glattstreichen.

3. Das letzte Fältchen unter das erste schieben – und die Verpackung ist geschlossen.

Dose umdrehen, das wahllos eingeschlagene Papier wieder glattziehen und wie oben verschließen.

Gefaltete Papierrosetten

Können als Dekoration für runde und quadratische Pakete vorbereitet werden.

Papierbedarf: Länge ca. 3 × die gewünschte Breite.

1. Papierstreifen umdrehen und den Anfang zweimal in derselben Richtung schmal umfalten. Auf parallele Seitenkanten achten!

2. Streifen umdrehen und eine gleichbreite Gegenfalte legen. Jetzt kann der Streifen an einer scharfen Tischkante nach unten geknickt…

3. und gleich weitergefaltet werden. Auf gerade Seiten achten!

   So entstehen immer gleichbreite Falten. Werden diese schräg oder schmaler, kommt die weiße Papier-Rückseite zum Vorschein.

4. Das ganze Faltenpaket in der Mitte knicken, mit Bändchen binden und an den Enden mit Doppelkleber zusammenkleben.

5. Befestigung bei oben gebundener Mitte mit Doppelkleber.

6. **Variante:** als Fächer stehend.

Will man den Dekor aufbinden, wird dessen Mitte unten verknotet und mit dem Band ums Paket gebunden.

Variante: Die Bänder der unten verknoteten Rosette durch das Loch in der Mitte einer kleineren Tortenspitze ziehen und um das Päckchen binden.

Gefaltete Papier-Flügel

mit oder ohne weißem Rand
(können auf Vorrat gearbeitet werden)

Papierbedarf: ein exaktes Quadrat. Die Hälfte der Diagonale ergibt die Flügellänge.

1. Quadrat zum Dreieck falten.

2. Das doppelte Dreieck von der Falzkante her bis zur Spitze in Zick-Zack-Falten legen. Nicht über Tischkante falten, da sich das doppelte Papier verschiebt.

3. In der Mitte knicken und Spitzen mit Doppelkleber schließen.

4. **Variante:** Wird ein weißer Rand gewünscht, kann das Papier beim 1. Falzen leicht verschoben werden.

5. Fertig falten wie zuvor.

6. Ein oder mehrere Flügel können nach Belieben mit Doppelkleber angeklebt oder mit Bändchen aufgebunden werden.

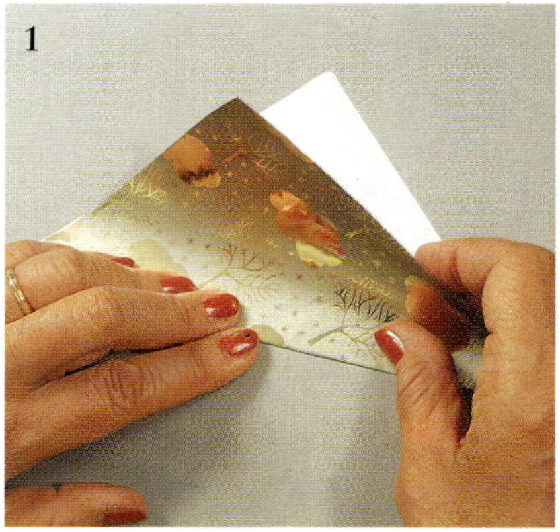
1

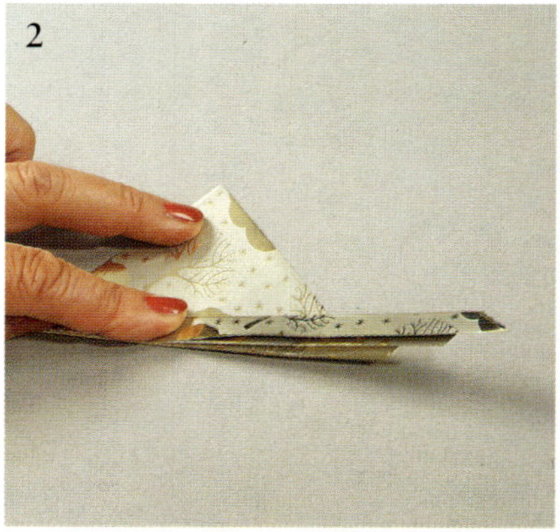
2

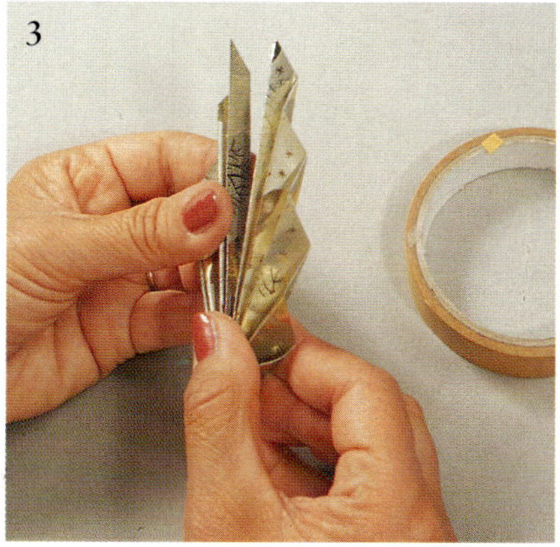
3

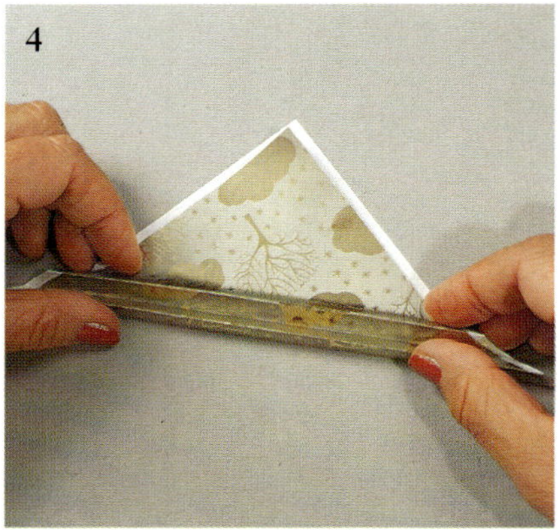
4

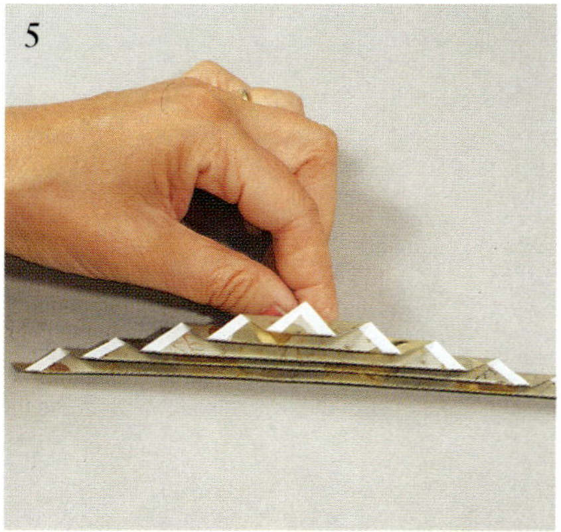
5

6

Ein Stern bei vollen Spitzen oder eine Margerite bei weißen Rändern lassen sich auf einem Stückchen Doppelklebefolie arrangieren und als Paketschmuck oder Dekoration fixieren. Als Mitte eignet sich z. B. ein Kerzenmanschettchen usw.

Das Fächerpaket
für den anspruchsvollen Kunden

1

Fächer seitlich

Um die Falten zu einem vollen Fächer hochziehen zu können, braucht man entsprechend viel Papier. Diese anspruchsvolle Verpackung benötigt darüber hinaus viel Zeit, weshalb sie im Geschäftsleben hauptsächlich für Spezialitäten oder kostbare Inhalte angewendet wird. Die Wirkung jedoch ist verblüffend. Außerdem sind Faltungen sehr wenig druckempfindlich.

1. Verwendete Materialien.

Papierbedarf: Der Verschluß liegt oben in der Mitte, da er so mit dem Band verdeckt wird. Er muß das Gegenpapier nur wenig überlappen. Papierkante bei Faltungen **nie** umbiegen.

2

2. Für die seitlichen Zugaben gelten als Richtlinie links und rechts je eine Paketlänge. Ist das Paket breit, wird der Fächerradius größer und man benötigt mehr Falten und somit mehr Papier, um den „Bogen" halbrund schließen zu können.

3

3. Nun wird der Papierüberstand flach- und somit luftleer gedrückt. Hält man ihn über die Kante zur Paketmitte, kommt keine Luft mehr hinein. – Nun beginnt man mit der Zick-Zack-Faltung (Beschreibung auf Seite 76). Bei flachen Paketen kann über die Tischkante gefaltet werden.

4

4. Sehr hübsch präsentiert sich ein einseitiger, auf die Päckchenoberseite zurückgelegter Fächer: Die zusammengeklappte, an den Enden flachgedrückte oberste Falte wird mit Schmuck- oder Firmensiegel aufs Paket geklebt.

Papierzugabe für die untere Seite ist in diesem Fall nur eine Pakethöhe. Verschluß normal.

Variante: Durch Miteinfalten eines einfarbigen Reststreifens wird eine zusätzliche Wirkung erzielt.

5

6

5. Beidseitige Fächer ermöglichen wieder unzählige Varianten. Hier einige Beispiele:
Zur Mitte hochgezogen und mit Doppelkleber fixiert. Ein Schmuckband wird um die Mitte gebunden.

6. Da die erste Falte immer zweimal in derselben Richtung umgebogen wird, ermöglicht dies die Einlage eines Bandes. Faltung beidseitig hochziehen, Bänder verknoten und mit den Bändern des Gegenfächers zu einem Schleifchen binden.

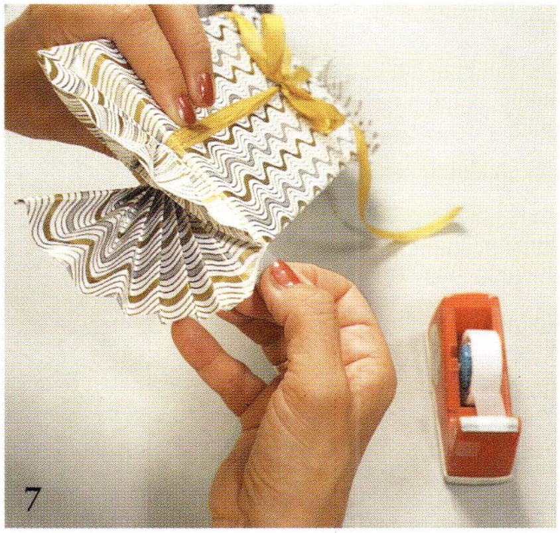

7. Ist das Papier eng genug gefaltet, kann man den Fächer kreuzen und zur Gegenseite ziehen.
Die durch das Band geknickte erste Falte an jedem Ende festhalten, kreuzen und um die Dreieckkanten am Ende der untersten Falte festkleben.

8. Eine frappante Wirkung, z.B. auch auf „Köcher"-Packungen! (s. Seite 89).

9. Einen ganz speziellen Effekt erzielt man mit wechselseitig gezogenen Fächern. Fixierung mit gut klebendem, durchsichtig werdendem Klebstreifen („Magic" oder „Plus").
Mit Schmuckklebern können Klebstreifen verdeckt werden. Ein „Laue-Schleifchen" als Dekor genügt und unterstreicht die Wirkung. Einseitig auch als Flaschenabschluß (siehe Ganzbild Seite 89).
Die Fächer können – flachgedrückt – in eine Tasche geschoben werden. Nach dem Herausnehmen stehen sie wieder auf.

Eine ganz tolle Wirkung erzielen Sie mit dieser Packung. Sie ist jedoch aufwendig; hier das Material.

Papierbedarf: Da der obere Abschluß mit einer Doppelfalte gemacht wird, muß das Papier die Paketoberfläche von beiden Längsseiten her ganz bedecken. Länge der beiden **Seitenpapiere:** wie zuvor.
Einlage eines Spitzenpapierstreifens auf der gesamten Papierbreite (in Papier- und Bastelgeschäften erhältlich). Für kleinere Päckchen können die Ränder von Tortenspitzen oder Luncheon-Sets verwendet werden.

Doppelfaltverschluß (in meinem ersten Buch auf Seite 10-13 beschrieben) fertigen. Spitzen statt eines Reststreifens einlegen. Geschlossene Seitenfaltung wie Bild 5.

PFISTER
Chocolatier

Oberflächen-Fächer

Papierbedarf: Fächer auf der Päckchen-Oberseite benötigen sehr viel Papier und zwar in der Länge. Es muß eben das Falten auf der **Längsseite** des Päckchens ermöglichen, da man sonst lange Seitenverschlüsse erhält, die weder schön noch praktisch sind.

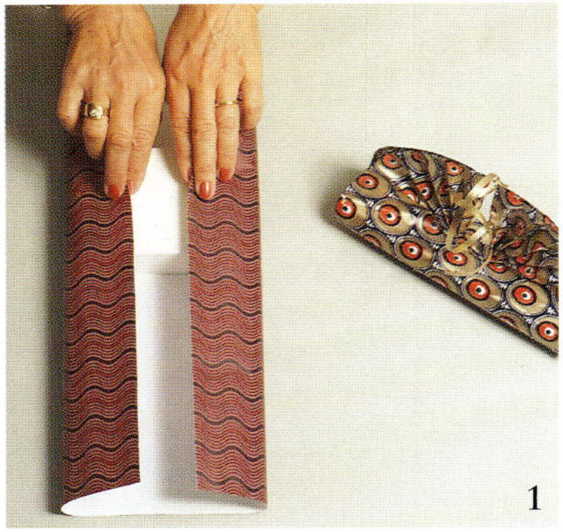
1

1. Um diesen großen Fächer-Radius zu erreichen, muß die Papierlänge beidseits des Packguts je zweimal die Paketbreite betragen. Die Breite muß die Seiten, mit denen man beim Packen beginnt, gut decken, also ca. dreimal Pakethöhe. Reichen die Seitenpapiere bis zur Mitte, können sie dort mit Klebstreifen fixiert werden, der verdeckt wird.

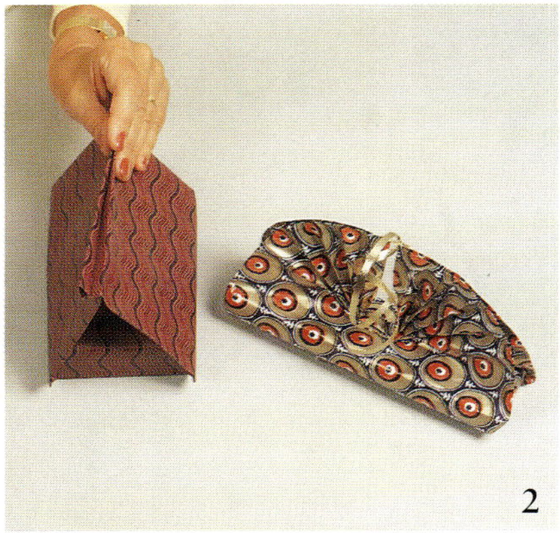
2

2. Papier über den Seitenkanten gut andrücken, beide umgelegten Papierlängen zur Paketmitte hochziehen und Seitenkanten gut falzen. Obere Papierränder parallel legen...

3

3. ...und Zick-Zack-Faltung bis zur Paketoberseite fertigen. Erste Falte zweimal in gleicher Richtung umlegen. Jetzt kann die Faltung an einem Punkt heruntergebunden und so die Faltenlänge und -form nach Belieben bestimmt werden.

   Als **Variation** wird wieder ein Band in die oberste Falte eingelegt, die Enden zur Mitte hochgezogen und gebunden.

Sportive

Das Tüchlein-Paket

Ein kleiner Abstecher in für uns artfremde Materialien.

Die Verpackung eignet sich sowohl für eckige und runde, als auch für schwierige Formen und Artikel aller Art (z. B. Konfitüren, Eingemachtes usw.). In Japan ist die Verpackung mit Stoff und Tüchern eine uralte Tradition. Ich möchte hier nur die einfachste, jedoch sehr dekorative Möglichkeit aufzeigen.

Die beliebten „Bauerntaschentücher" sind leicht erhältlich und können nachher als Pullovertüchlein getragen werden.

1

1. Hier ein rechteckiges Paket. Dieses **uneingepackt** diagonal auf das Tüchlein legen.

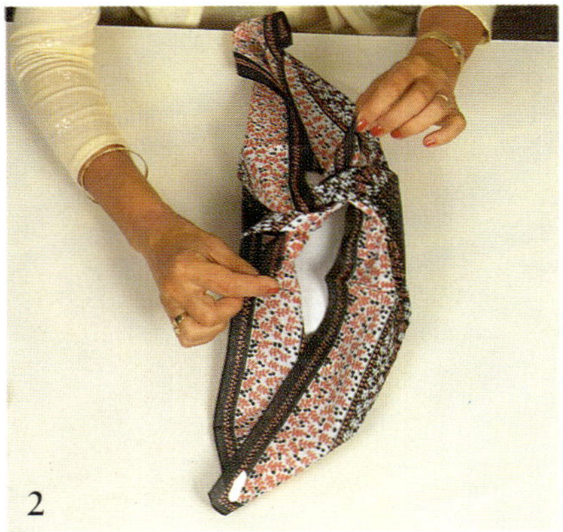

2

2. Die Ecken an der Päckchen-Schmalseite zuerst 1mal verknoten und gut straffziehen.

3

3. Jetzt die beiden verbleibenden Tuchteile zusammengeschoben quer über den ersten Knoten ziehen und verknüpfen.
   Eine beliebige Dekoration darauflegen und die erstgeknüpften Ecken darüber noch einmal verknoten. So hält die Dekoration fest, und der gesamte Verschluß ist gesichert.

   Die festgezogenen Zipfel nett arrangieren, und die Wirkung dieser einfachen Verpackung ist sehr groß.

Folien-„Tschuff"-Päckchen

„Tschuff" vom ital. Ciuffo = Schopf.

Diese Verpackung ist sehr wirkungsvoll, verlangt jedoch viel Folienmaterial. Die Arbeitsweise ist die gleiche wie beim Tüchlein. Hier müssen jedoch zuerst die geraden Seiten und nicht die Ecken gefaßt werden. So verbleibt das ganze Eckmaterial, das sodann durch das Flachdrücken und Zur-Mitte-Schieben automatisch mehrfach wird und dadurch die Paketecken schützt. Das Durchstoßen der Folie wird damit vermieden.

2

3

1. Päckchen in die Mitte eines Folienbogens legen. Das Material von zwei gegenüberliegenden geraden Seiten zur Mitte der Päckchenoberseite drücken und mit einer Hand festhalten. Da die Folie nicht knittert, kann sie unbesorgt herzhaft angefaßt werden. Nun auch die dritte Seite zur gehaltenen Mitte schieben und mit einer Hand alles zusammenhalten.

2. Die Ecken der gefaßten Teile hochstellen, die sich so bildenden Tüten über den Paketecken flachdrücken…

3. …und ebenfalls zur Mitte schieben.

4

5

4. Das Paket drehen, und den gleichen Arbeitsgang auf der vierten Seite wiederholen.

5. Die geraffte Mitte mit Band festziehen und verknoten.

Ein andersfarbiges Folienstück, Tüll usw., eine Schleife oder Dekoration kann in die Mitte oder außen mit eingebunden werden.

Zuletzt den ganzen „Schopf" beliebig arrangieren. Hier sind durch das doppelseitige Material fast unbegrenzte Möglichkeiten gegeben.

Durch Verschieben des Paketes aus der Folienmitte erreichen Sie ein asymmetrisches Arrangement.

Inhaltsverzeichnis